鐵路先驅

馮蘊珂 著

目次

下部

前言：姥爺與我的童年

　　每當我想起我姥爺杜鎮遠，就好像觸動了很遙遠、很模糊的記憶層，那些遙遠的記憶卻又令我感到很溫暖，很親切。

　　在我剛有記憶的年齡，大概三四歲吧，雖然年紀很小，但不知為什麼，那段經歷就一直在我的記憶中封存著。從小愛聽故事的我，就將姥爺的經歷當成故事來聽，每件細小事情從那時候點點滴滴地進入了我的記憶，對於幼小懵懂的我來說不啻傳奇。歲月流逝，我的長期記憶變得日益清晰。

　　姥爺杜鎮遠（1889-1961），字建勳，是中國近現代工程界繼詹天佑之後的鐵路巨擘。他的事蹟記載於《中國工程名人錄》、《中華鐵路史》以及《湖北省誌》、《秭歸縣誌》以及修建鐵路的各省紀錄上。打開中國鐵路的歷史，他的名字是一塊繞不過去的豐碑。

　　姥爺幾乎一生都奔波在修築祖國鐵路的最前線，在資金短缺、物資匱乏、設備落後、氣候惡劣、地勢險要的條件下，帶領一眾人克服重重困難，將一條條鐵路鋪向中華大地。尤其是滇緬鐵路，在日軍全面封鎖中國的海運補給線，緊急開拓西南高原補給線的時候，他身居第一線，親自帶領著三十萬民工日夜奮戰在工地，那裡每一寸向前延伸的鐵路都凝聚了人們的鮮血和生命。

　　這些用生命去修築鐵路線的人們，不為名不為利，就只有一個簡單的信念：捍衛祖國，捍衛家園，捍衛尊嚴，為了保證這些鐵道線的運營，為了早日殲滅日本侵略者爭取到更多時間……

　　而今，當人們乘坐列車飛馳在雲貴高原的時候，有多少人知道這些鐵路沿線的山坡上有多少亡魂？又有誰還會憶起這些因抗日而生又因抗日而亡的鐵路線背後的悲愴往事？

　　杜鎮遠的一生中，主要共築四條鐵路──杭江、浙贛、滇緬、粵漢，總長約三千六百公里，另有修復鐵路一條。這些鐵路的修建中，他克服了資金短缺的難題，也克服過艱難險阻的自然條件，他主持的多條鐵路在中國抗日戰爭中承擔了重要的歷史角色。然而，儘管一生的貢獻都被動盪的時局埋沒，他卻無怨無悔，為了祖國、為了抗戰，默默地獻出所有。

　　年輕時的我在北京，並沒有感到姥爺有多麼地與眾不同，但1979年移居香港後，每當我和別人說起我的姥爺是杜鎮遠時，人們總是肅然起敬：「啊，鐵路巨擘建勳大師的後人？」「名門之後？」……原來姥爺是如此地受人敬仰，這引發了我對他生平的好奇和追憶。

　　記憶裡的姥爺是一位既嚴肅又溫暖親切的人。他對我這個大外孫女總是「咩（妹）子，咩子，珂兒，珂兒」地叫著。我母親是家中長女，我是家中第一個孫輩的孩子。那時父母上班，我多由家中保姆照料，一天不慎，大約三歲的我從二樓的窗臺上墜到一樓的花池中，差點摔死。姥姥大怒之下就將我接到她那裡了。

自此我就與姥姥一起生活了二十多年，這比我任何一位姨姨或舅舅和她在一起生活的時間都要長久得多，感情也要深得多。

姥爺和姥姥回國後就分派到北京南河沿南池子中的一處清淨的四合院，它就坐落在高高的紅牆根下，幽靜的小河邊。胡同中總是那麼地安靜，由於高牆相隔，因此鄰居之間也鮮少走動，因為鄰居也都是有些身分的大人物。

姥爺在家的日子並不多，他總是很忙，不是去上班了就是又出差了。只要姥爺在家，姥姥總是最高興的人，她習慣性地為姥爺準備好茶、毛筆和鋼筆。姥爺的字跡很有個性，有力的筆鋒總是向左側傾斜。他在書房的時候，姥姥總是讓我出去玩，也不讓姨姨們喧嘩，怕打擾姥爺的工作。有時我忍不住好奇，探頭探腦往書房裡張望，被姥爺發現了，他總是和藹地笑著抱我在懷裡，畫火車逗我玩：「珂兒，以後要坐火車出國去！長見識去，為自己理想奮鬥去。」

溫婉善良的姥姥總是有辦法搞到非常稀奇的糖果給我吃，小時候正值物資貧乏的年代，糖果可是很不容易得到的，還不大懂事的我，總喜歡在小朋友們面前炫耀，直到長大後，我才明白那是姥爺的弟子從國外帶來的，姥姥自己都沒捨得吃，特意留給我這個小丫頭的。

後來，姥爺在世最後的日子裡，過得有些壓抑，令人傷感。多年之後，當大家說起姥爺的時候，他那剛正不阿的信念和做人宗旨都已經少有提及。只有在家人的回憶中，姥爺高大無比的形

象才又栩栩如生地展現出來。

　　他那潔身自好的形象，在我眼中總是那麼地高大。他對工作總是那麼幹練、威嚴、嚴肅謹慎，他的衣冠總是那麼整齊、乾淨、一絲不苟。他好學不倦，也激勵著所有人都不能浪費生命，他剛正不阿，蔑視賄賂，從不阿諛奉承。他忠實自己的信念，不會因為任何阻攔而改變。正因為他的這種性格和態度，使他有了不朽的成就，也使他成了政治運動中的「運動員」。正所謂：「成也蕭何，敗也蕭何。」

　　無論如何，我姥爺高大的形象永遠留在我心中。多少年過去了，我將資料整理好，決定寫一部關於他的書。寫寫他在人前與人後的喜怒哀樂，寫寫他平凡的人生中不平凡的傳奇。

　　正如趙樸初先生在1961年杜鎮遠的追悼會上，在他的墓碑上提下了四個大字──「鐵路先驅」。

杜鎮遠紀念碑

上部

走出山溝

「蠻娃伢子哦，吃飯了！」一個洪亮的女高音從山上傳了出來。

三個男孩子正在山下長江邊玩著，兩個在樹上，一個在樹下，每個人的手裡都在用刀子刻著什麼東西。他們聽見了叫喊，相視一笑，就爭先恐後地往山上跑。似乎是跑在後面的沒有飯吃了似的。

身後有一艘輪船「嗚……」的鳴起了船笛。三個男孩子不約而同地停下了腳步，目不轉睛帶著崇拜及嚮往的神態，目送那艘輪船。

長江邊的湖北秭歸縣新灘鎮下灘沱。家中的女主人正在擺弄著碗筷，見到三個男孩跑了進來，皺了皺眉頭：「去、去、去，髒兮兮的，洗個澡再吃東西。這大熱天的，三個都那麼臭，換好了衣服再上桌！」她以命令的口吻說道。他們的小妹用手捏住鼻子嫩聲嫩語地學著大人的話說：「臭……」男孩子們衝著妹子做著鬼臉之後又一窩蜂地去打水沖澡。他們長江邊長大，從小都喜歡玩水，三個孩子你撩我一身，我噴你一臉的，在打打鬧鬧中洗完了澡，並換上了乾淨的衣服。他們很懂事地順手也將衣服泡在盆中，以便吃完飯去拍打洗滌。

新灘鎮是杜氏家族的發祥地。史書記載杜氏先祖是唐國

（山西翼城縣兩國）後人，稱唐杜氏。周宣王時，唐杜國君桓在朝任大夫，人稱杜伯。周宣王聽信寵妃讒言而處死杜伯，其家族為躲避滅族之禍，自此流離四方。其中一支流落到新灘，當地和善的鄭氏一族接納了他們，於是杜氏族人安頓於新灘的北岸。這兩個家族開始了世代友好的交往，他們的後代聯姻、繁衍，興旺昌盛。

杜氏後人遷徙新灘，後來又分為三個支脈：一支留在新灘，一支又移居下游崆嶺灘邊的秭歸廟河，還有一支則遷往江漢平原。傳說因為新灘的杜氏日漸壯大，而受新灘面積狹小之局限，族人決定遷移他處以謀發展。族長把三個兒子叫來，將一隻鐵鍋扔在地上摔成三塊：鍋底、鍋中、鍋邊。長子主動選了鍋邊，去遠方發展；次子選了鍋中，將遷往新灘下游的廟河；留給小兒子的是鍋底，他就留在了新灘。在不完整的新灘杜氏宗譜上，其字輩：「……然學仕丙玉，敬主發祥遠，三之其順長，清明成家禮，國正振綱常……」這三支皆視新灘為杜氏一族的發祥地。

杜鎮遠的父親定祥先生，號吉甫，是晚清的一名邑庠生（秀才），娶妻鄭氏。

一天當孩子們都睡了，吉甫公輕手輕腳走進了孩子的房間，見到一個孩子手裡攥著尚未成型的風箏，一個孩子枕邊放著一本詩書。還有一個孩子的手中掉出來一艘剛現輪廓的輪船，刻得很精緻。他將孩子們的作品放在桌子上，逐個仔細地看了一遍又一遍。他帶著略有所思的神情走出了孩子們的房間。

　　清早他還站在山坡上，面對著湍急長江滾滾的濤聲沉思著，勁風迎面吹來，身後的灌木刷刷作響，似乎在回應著他正在思索的問題。他在報紙上看到：西方對聲、光、電、化、輪船、火車以及機器等技術已經日趨成熟。他想，我們的孩子們不比他們愚笨，應該好好地教育他們認真學習，努力擺脫被欺辱的現實。他望著長江上經過的船，那些也是外國製造，可以平穩地操控越過激流，比縴夫艱難地從岸上拖拉木船要輕鬆很多，這些，是近在眼前的改變。

　　吉甫公一夜沒睡。那時甲午戰爭結束才三年，中國全面戰敗後，不僅北洋水軍全軍覆沒，巨額的賠款更讓民眾生活困苦不堪，政府政治腐敗，官場派系鬥爭激烈，國防外強中乾，讓曾熱心以「自強」、「求富」為口號的洋務運動，寄望洋務興國的吉甫公有些心灰意冷，意興闌珊。直到他看到孩子做的輪船、風箏等手工，孩子們追求知識、追求科技的心讓他有所動容。一個未眠之夜，他明白到落後意味著被欺凌。他決定培養孩子讀書，走出去，接受良好的教育，向更大的理想走去。

　　他帶男孩子們進入他執教的私塾，開始他們的知識啟蒙。那年，杜鎮遠七歲。

　　後來吉甫公在四川省巴縣（現重慶市的舊城區一帶）官瀾書院謀得了院長一職。十三歲的杜鎮遠也隨父去了四川就讀。

巴縣書院

（1）

　　吉甫公受聘於巴縣的官瀾書院，他帶著受了五年私塾啟蒙的二兒子一起啟程。在幾個孩子中，他是最聰明、最有領悟力的那個，吉甫公亦有心多加栽培。

　　吉甫公來到巴縣，就在書院中的教師住所中安頓了下來，一天三餐就和住宿的學生和教師們一起，這樣也減輕了家務負擔。半年後，他又將另外兩個男孩子一併接來了，杜鄭氏因為要照顧他的母親，帶著女兒仍然留在新灘鎮。

　　三月的巴縣陰冷潮濕，已經日上三竿，但籠罩在迷霧中的城市春寒尚未退卻。桐樹紫色的花兒卻頂著寒風在瑟瑟發抖的樹葉間露出了笑臉，顫顫巍巍地開放了。

　　剛在巴縣安頓下來的他們還不大習慣這裡很少見到陽光的寒濕氣候，但吉甫公很知足，雖然微薄的薪水才剛剛足以安頓孩子們，最重要的是，在這裡可以讓孩子們學到更多的知識。等有了一定的積蓄，再籌謀將其他家人都接過來。

　　孩子們很懂事，自小就被母親教會清潔自己及衣物，天寒的季節裡在洗衣晾衣後，雙手都凍得有些紅，就將手放在嘴邊，用呼出的熱氣暖一暖。就這樣，他們在書院中過著清靜淡泊的集體

生活。

　　山邊的野草抬起了頭，鵝黃色的小花滿山遍野，天氣慢慢暖和起來了。

　　長江邊小小的校舍裡，吉甫公打開了窗子，整理著衣物，放入抽屜中。他在新灘鎮可是從來沒有做過這些家務，現在是什麼都要做啊，當看到二兒子鎮遠的衣物時，忍不住慈愛地笑了：十來歲的少年，長得真快啊。

　　十三歲的少年正帶著兄長和弟弟在青石板路鋪就的城市街巷裡穿梭著。巴縣，重慶主城區的舊稱，老城區裡長長短短的石板路石階梯星羅棋布，依山而建的吊腳樓棚戶四通八達，熱鬧成市，和只有一條主街的新灘鎮相比堪稱龐大，兄弟幾人看得都有些眼花繚亂。

　　比兄弟早半年來的鎮遠已經非常熟悉每條街道，他對這裡的一切都很好奇，尤其是朝天門碼頭，是他最喜歡去的地方，因為那裡有很多新式的輪船和奇奇怪怪的外國人，今天他要帶他們去看看。

　　西周至戰國時，這裡為巴國的領地，後又稱楚州、巴郡，清朝末年，狼煙四起，清政府戰爭中接連失利，被迫簽訂各種條約，割地賠款，其中中英《煙臺條約續增專條》中規定將巴縣（重慶）開為商埠，英國人在此設立海關，掌握行政和關稅大權，兼管港口事務，同時派人打通川江航道，讓新式機動輪船可以上溯到巴縣朝天門碼頭，舊式靠人力和木船的川江航運逐漸式微。

　　隨著川江航運的便利，外國商人的洋行、公司、工廠如雨後春筍般林立，他們開採礦山，傾銷商品，各國政府也在這裡紛紛設立領事館，開闢租界，建立「國中之國」。

　　站在朝天門的「國中之國」街頭，兄弟幾人好奇地觀察不同國家的人——金髮的英國人、包頭巾的印度人、留著山羊鬍子的法國人……這些外國人指揮熙熙攘攘的「棒棒」（挑夫）將貨物從山下的碼頭挑到租界的洋行。

　　三兄弟趴在洋行的欄杆往山下碼頭望去，朝天門江面檣帆林立，江邊碼頭舟楫穿梭，人行如蟻，一艘艘的洋船在碼頭靠岸，一群群「棒棒」蜂擁而上，依山而立的只有一條千步高的石階路，上下擠滿了穿梭運送貨物的勞力們。

　　哥哥和弟弟從來沒有看過這樣熱鬧的地方、這樣多的人，竟有些呆住了。原來這幾年巴縣周邊城鎮夔州天災不斷，春乾夏旱，冰雹成災，長江氾濫，許多地方被淹，大量人口湧到巴縣碼頭討生活，他們成了搬運貨物的挑夫大軍，拖家帶口在長江邊的山巖依山建棚戶而居。而此時的巴縣隨著英國人開進輪船打開商埠，也已經變成了整個西南地區首屈一指的大城市。

　　朝天門的繁華和熱鬧深深地震撼了少年杜鎮遠，而帶來這一繁華的新式輪船也成了小鎮遠內心揮之不去的夢想。

（2）

　　吉甫公雖說是舊式私塾書院的校長，但身處這樣變革中的城

市，他理解到接受新知識的重要，他總是從學校同仁那裡借回很多新式的書籍報刊雜誌，給書院的學子作為課外閱讀，他鼓勵孩子們接受新的科學知識，甚至帶他們去新式學堂觀摩。

吉甫公的開明思想也深深影響了兄弟三人。書院學習和生活非常緊湊，按部就班，但一有閒暇時間，杜鎮遠就一頭扎進各種新式書籍，尤其是科學雜誌，汽車、輪船、火車……這些機械的大傢伙，就像磁鐵一樣，吸引著他。有時他連走路也不捨得放下書籍。

山城巴縣的夏天夜晚悶熱異常，大約是地勢的原因，白天的溫度好像還在炎熱地發酵，一家人寄居的吊腳樓下層更加酷熱難當，吉甫公索性攤了涼席，讓孩子們在院子裡露宿，微微有點風，吹著竹葉窸窣地響著。

老二鎮遠沒有睡，藉著月光趴在涼席用筆在紙上刷刷地寫著畫著，吉甫公輕悄悄地走過去一看，見他正在畫好的火車旁寫著什麼：

　　浮傲雙軌戀驕雲，
　　倚木純厚候天明。
　　……

「小小孩子家的，有什麼亂七八糟想法呢？快點睡。」吉甫公有點不悅地說。

「父親大人，我畫的是火車的鐵軌和枕木呢，外國人早就有火車了，我們巴縣還沒有，以後要是修很長的鐵路修到新灘鎮，就很容易見到媽媽了……」說著就低下了頭：「不過，父親大人，我錯了，我這就睡。」

吉甫公看著憐愛地撫撫孩子的頭，孩子們想念媽媽，自己又何嘗不想念妻子、女兒和母親，只是剛離鄉別境的他，還沒有能力將家人接過來，也只有暗自歎息。他拿起鎮遠畫的火車，心想，這個癡迷火車的孩子畫得還真不賴，

他不知道，這個孩子以後的命運真的和火車緊緊相連。

（3）

隨著洋務運動的興起，中國人修的第一條鐵路——京張鐵路開通了，給中原的貿易和經商帶來了很大的便利。「要想富，先修路」，國民見識大開，漸漸明白鐵路有很多的好處，加之自古以來蜀道難，難於上青天，物產豐富的四川貿易僅僅依靠長江航運漸漸再不能滿足需求了，建設四川通往中原的鐵路成為了經濟發展的必然需要。

1904年，四川總督錫良籌辦川漢鐵路公司，在嶽府街掛出了官辦川漢鐵路公司的牌子，請胡峻任公司總理，同時為培養修建鐵路的人才，胡峻提出在高等學堂附設鐵路學堂，親自兼任鐵路學堂總理，成都四川鐵道學堂應運而生。

這個消息對在書院的學習的杜鎮遠來說，是絕佳的機遇，他

暫時收起了開輪船的想法，想投身到比輪船更快更穩定、運輸能力更強的火車事業中。但鐵道學堂要招新式中學的學生，而杜鎮遠這樣的私塾書院學生，考入鐵道學堂的難度可想而知。

可困難卻難不倒聰明好學的杜鎮遠，他早就是書院裡最出色的學生，為了考入鐵道學堂，他借了很多新學書籍，一頭扎進去，埋頭苦讀。

1907年，十八歲的他以優異成績考進了成都四川鐵道學堂。錄取的消息傳來，全家人都沸騰了。

母親從新灘鎮也趕了過來，為了杜家這個最聰敏的孩子餞行，準備了一桌豐盛的晚宴。大家笑得合不攏嘴：「吉甫公，牙娃子這是中了秀才不是？文曲星下凡啦！」

吉甫公內心也為兒子感到非常驕傲，英雄出少年，當初自己選擇來到人生地不熟的新城市，就是為了孩子們的成長。孩子的優異證明了自己的選擇沒有錯。

晚飯後，他和鎮遠來到朝天門。幾年前他們從這裡上岸，如今兒子又要離開去一個新的城市學習了，吉甫公心裡五味雜陳，看著身邊已經成長為英俊青年的兒子就要獨自出遠門了，真的有些不捨。

朝天門前，嘉陵江於此注入長江，碧綠的嘉陵江水與褐黃色的長江水激流撞擊，清濁分明，形成氣勢雄偉的「夾馬水」，如野馬分鬃，漩渦翻滾，十分壯觀。而右側長江容納嘉陵江水後，聲勢益發浩蕩，穿三峽，通江漢，一瀉千里，成為長江上的「黃

金水段」。父子兩人在碼頭流連,望著奔騰而去的滾滾江水,做父親的心底默默許願,但願兒子的前程也如這滔滔長江水黃金水段一樣,益發向前。

四川鐵道學院

　　初到成都的杜鎮遠立即被這所溫婉的城市吸引了，川西平原景色宜人，街道阡陌縱橫，熙熙攘攘。仲秋後暑氣漸消，還淅淅瀝瀝下起了小雨，纏綿溫濕的空氣中，瀰漫著桂花濃郁的香氣，金桂橘紅，銀桂淡黃，那一串串、一簇簇的小花在柔風中推擠著，擁擠著，若是從樹下走過，頭上總是會留下帶著桂花花瓣的一顆顆雨露。

　　和山城巴縣滾滾長江雄渾奔放不同的是，這裡有錦江、府河、沙河從城區穿流而過蜿蜒而行，沿岸楊柳茵茵，古亭佇立，曾是五朝都城的西南重鎮遺留下了皇城明清貢院明蜀藩故宮，浣花溪畔杜甫草堂聚集文人墨客，天府之國錦官城繁華發達，還有自秦漢以來沉澱的豐富文化底蘊。

　　川民集股交捐自辦川漢鐵路預定線路，是從漢口起，經宜昌、菱州（奉節）、萬縣、重慶、內江、資陽到達成都，全長一千九百八十公里，建築費用至少需銀五千萬兩以上。川民踴躍籌款已達千萬，川漢鐵路公司決定自湖北宜昌起，由四川省分段進行修築，並派留美工程師胡棟朝、陸躍廷分別自成都、宜昌兩地開始勘測線路，並加緊了對鐵道學堂人才的招募，聘多名日本人做教習，開鐵道建築、鐵道管理兩班。

　　學堂對學生非常優待，從預科起，每學期每個學員的課本、

教本、草寫本、紙、筆、墨等用具以及有帽頂的遮陽帽、青布馬褂、藍白兩套夾單、操衣、青布靴子等服裝，都由學堂置備供給。伙食每人吃一錢銀子一天，午晚都是六菜一湯，學生的床帳、床單也是學堂供給。而學堂的要求也非常嚴格，規定堂內師生員工，嚴禁吸食鴉片；學生衣服禁用綢緞，務必崇尚質樸，不得好為新異；學生隨時隨地見校長、教師、監學及堂中各員，都要立正致敬。這些規定體現出學堂求實、樸素、勤勉、敬德的良好風氣。

杜鎮遠在學堂認識了很多志同道合的同學，有李雨倉（四川保路死難烈士紀念碑設計者）、蘭田（解放後先後擔任成渝、寶成、成昆、鷹廈等鐵路總工程師）、邵從磷（曾任四川水利局長）等。嚴格的管理、良好的教育風氣、優秀的師資所造就的這批青年以後都成為了棟樑之才。

那時的成都，東渡日本考察學務後的胡峻擔任全省學務公所議長，主持全省教育發展事宜，因此較多地學習和借鑑了日本高等教育的辦學模式和教學經驗，選送大批學生出國深造留學並資助和鼓勵辦新式學堂，大量聘請外籍教師，掀起了四川近代辦學的第一次高潮。新學堂如雨後春筍，包括高等學堂、實業學堂、師範學堂、軍事學堂、體育學堂和鐵路學堂，學堂還設置有速成師範科、優級師範科、普通科即預科、測繪學堂、半日學堂、附設中學堂等，學堂林立的學術氛圍如海納百川，實行著較為規範和嚴格的組織管理，培養了中國近代史中大量的人才。

　　生活在學堂林立的成都，杜鎮遠深深受到了濃厚的文化氣氛的感染，勤奮好學上進的他，在學堂嚴格的培訓下，成為了最優秀的學生之一。

　　留學日本的曾鴻工程師於日本高等工業學校鐵道專科學成歸國，受聘於成都四川鐵道學，他是實用教學主義者，經常率領部分學生到大山裡對川漢鐵路的一些路段進行定線測量，這些實用的知識和一絲不苟的精神，奠定了杜鎮以後的事業基礎。

　　1909年12月10日（宣統元年十月二十八日），由詹天佑任總公程師，川漢鐵路舉行開工典禮，正式開工修建。然而，雖已動工，但對於先修宜萬還是先修成渝，各方仍爭吵不休，以致路工進展緩慢。

　　雪上加霜的是，1909年，負責川漢鐵路工程款的上海三家錢莊倒閉，倒騙公司股銀一百四十萬兩，川路上海公司負責人也趁機侵吞了餘下的工程款，逼使川漢鐵路財政枯竭，不得不停止了對鐵路學堂的資助，學堂無法支付薪水，導致教授紛紛離職，學生的生活也陷於困境。被侵吞路款的川民憤憤不平，群情激憤，不少人大力支持學生討還路款，請求先在川漢鐵路餘款內，撥款接濟解決燃眉之急。

　　這對本來躊躇滿志的杜鎮遠來說，無疑是當頭棒喝，政府築路計畫成為一紙空文，自己修築鐵路的願望變成了一場遙不可及的夢，甚至可能學業被逼停修，幾年努力似滔滔江水付諸東流。他和同學們一起參加了抗爭的行列，但最終還是在1910年（宣統

二年）接受了老師的建議，選擇轉學去唐山路礦學堂繼續學業，攻讀土木工程。

　　離開成都的那一天，他和同學們登上望江樓，望著煙霧繚繞中若隱若現的城市，感念蜀中局勢風雲變換，前路茫茫似眼前看不透的雲煙。

從學堂到「大川」

郵傳部唐山路礦學堂的前身是山海關北洋鐵路官學堂，八國聯軍入侵，山海關淪陷，學堂教學被迫中輟。1905年（光緒三十一年）因鐵路建設人才匱乏及山海關鐵路學堂卓越的辦學成績，選址唐山復校，稱為「山海關內外路礦學堂」，因校址在唐山，故定名為「郵傳部唐山路礦學堂」（後來這個學院改名為唐山交通大學，1971年遷址四川，改為西南交通大學）。

學堂在天津、上海、香港等地主要報紙刊登招生廣告，開始招生，很快發展成為為全國最為知名的工科學府之一。1910年，在盛傳成都四川鐵道學堂就要停課的現實逼迫下，杜鎮遠不得不另謀出路，他聽從學堂外籍導師的建議，決定要投考這所國內最專業的鐵路學府。

然而，考入這所學堂並非易事，學堂大量採用歐美大學原版教材，重金聘用英美籍教師，以口授、筆記為主要教學形式，除了專業知識外，對學員的英語能力有一定的要求。杜鎮遠在成都求學時就對英語有很高的興趣，因為很多機械和工程的原著是英文版的，而四川鐵道學堂也有大量的外籍教師，好學的他，也在外籍教師幫助下對英文、日文有了一定的基礎。終於在不懈的努力下，在來自全國的眾多投考生中，他名列前茅，順利地轉到唐山繼續他的鐵路夢。

　　而名校的要求也很嚴格，有著近三分之二的淘汰率，治學嚴謹的傳統教學質素可見一斑，所以考進名校也絲毫不能鬆懈。嚴格的教學作風和科學訓練，配合著濃厚的文化薰陶，必能造就一流的實業家。要成功，要造就輝煌的事業，必須是勤奮鑽研、紀律嚴謹、智慧過人、思維敏捷、膽識超群的好苗子，而這些沒有經過嚴格訓練是不可能做到的。杜鎮遠攻讀土木工程，完全是從零開始，智慧過人、思維敏捷、勤奮鑽研的他，很快成為學員中的佼佼者。

　　唐山又名鳳凰城，中國近代工業的搖籃，它的繁華得益於李鴻章指定唐廷樞主持開平煤礦的開採，隨著煤礦的發展，人口增多，商賈繁盛，新式工廠雲集，誕生了中國近代工業史上第一個機械化礦井、第一條標準軌距鐵路、第一臺蒸汽機車，工業城市的環境讓工科的學生們有了很多就地實習的機會，從而訓練了一批中國最早、最優秀的工程師。

　　來到唐山不久，四川就傳來了壞消息，成都四川鐵道學堂最後在資金匱乏下還是停課了，杜鎮遠禁不住感歎，在動盪的時局中，自己未雨綢繆是幸運的。

　　然而，更大的動亂還在後面，清政府宣布民間集資的川漢鐵路路權收歸國有，旋與美、英、法、德四國銀行團訂立借款合同，公開出賣川漢鐵路修築權。四川民眾對政府侵占民權引狼入室的做法極為憤慨，一場轟轟烈烈的保路運動在成都展開，在政府的鎮壓下發生慘烈的成都血案，保路風潮遂演變成全川抗議政

府的武裝大起義，然後粵漢鐵路的廣東、四川、湖南、湖北四省民眾也加入了保路風潮，一場席捲全國的大動亂開始了，清政府處於風雨飄搖之中。

身在唐山的杜鎮遠十分擔憂參加保路運動的同學們的安全，對腐敗的清政府深惡痛絕，但一介書生卻對時局的急遽變化無能為力。而唐山處在朝廷中心管轄地區，受動亂影響較小，相對穩定一些，也算是亂局中倖存的一方求學之地。

正當全國保路運動如火如荼時，1911年10月10日武昌起義爆發，拉開了辛亥革命的序幕，吹響了共和國誕生的號角，湖南、廣東等十五個省紛紛脫離清政府宣布獨立，起義後不到兩個月戰火燒遍全國，清政府只有起用袁世凱和共和軍談判。袁世凱同意擁護共和，1912年1月1日，中華民國臨時政府在南京成立，孫中山被推舉為臨時大總統。擁重兵在手的袁世凱逼清帝遜位，隆裕太后不得已下詔讓袁世凱組建中華民國，1912年2月12日，清帝溥儀正式退位，宣告了二百多年清王朝和二千多年封建帝制的結束。1912年3月10日袁世凱在北京就職中華民國大總統。

國家經歷了一場場劇變後，本來以為建立了共和國民眾就會有較好的將來，但實質上是軍閥割據互不相讓的、混亂不堪的局面。但有幸袁世凱興學重教，主張興辦新式學校，杜鎮遠在唐山求學的四年，唐山路礦學堂沒有受到任何戰亂的影響。

杜鎮遠嗜書如命，他飽覽群書，唯當時書院中藏書有限，但幾乎每本書都留下了他的手印。四年的大學生涯為杜鎮遠以

後的成績奠定了扎實的基礎。1914年，杜鎮遠在唐山工程學院順利畢業，他名列前茅，品學兼優，成為斐陶斐（The Phi Tau Phi Scholastic Honor Society）會員，這是非常高的榮譽，在那一屆畢業生中僅有兩人獲此殊榮。

二十五歲的杜鎮遠沒有任何的社會關係，他畢業後大膽地走向社會，從最底層工作做起。1914年年末他就兼陸軍部宜渝灘險工程處主任、工程師、測量隊隊長、「大川」輪副船長等多種職務於一身。

他在工作中秉承大學的教導，對工作極其嚴謹。他是個眼睛裡進不得沙子的人，不僅要求他人，而且嚴格要求自己。

一次，他在新灘休假後準備返航重慶。

「娃子，你在重慶給媽將這二十元的銀幣兌換銅幣，我在新灘容易買東西，你看看這裡的東西多數都是使用銅幣的……」他母親說道。

「怎麼？我們新灘沒有銅幣了？」杜鎮遠問。

「新灘有銅幣，不過……」媽媽還沒有說完，只聽到他說：「既然有，何必到重慶去兌，這不是捨近求遠？」

他拒絕了母親的囑託，他是船上的大副，要以身作則、嚴格克己。聰明的他當然明白母親想在重慶兌換，可以兌到更多的銅幣，但這違背原則的事情，還是從一開始就拒絕掉為好。他清楚公司的規則：不能利用職責之便謀取私利。自己要是不帶頭自律，卻利用工作之便謀利的話，就很難管得住下面的員工。

　　然而，總有員工還會偷偷做著一些謀利的事情。

　　一次，在航行中，大家突然聽到他在大聲質問著：「這裡怎麼這麼多的包心菜呀？是誰買的？」

　　有人說了句：「是廚房的趙頭買的。」

　　他怒氣沖沖地走到廚房：「趙頭，買這麼多包心菜來幹什麼？」

　　「當然是做飯吃咯。」老趙頭回答著，說著拿了塊帆布走向那批白菜，似乎想把白菜蓋起來。

　　杜鎮遠問每頓飯有多少人用餐，老趙頭說：「十多個嘛。」

　　杜鎮遠說：「十幾個人吃飯餐餐都吃包心菜的話，這些菜是不是一個月都吃不完？」

　　這些事情瞞不過他的眼睛，這裡面一定有問題，不是夾帶了私貨就是有些什麼見不得人的東西。最不濟的就是倒賣這些包心菜。

　　他隨即命手下的船員：「只留下小部分的包心菜，其餘的全部投入長江。以儆效尤。」

　　太陽下山了，江面上一片寧靜，他巡視甲板時，似乎聽見有人在哭。

　　他心想：「是誰？」走到船尾，他見到是廚房的趙頭。他剛要說什麼，就被人制止了，那船員把他拉到駕駛艙，才告訴他：「那老趙頭在傷心他的包心菜。」

　　杜鎮遠說：「那些包心菜能值多少錢呀，至於哭得那麼淒慘

嗎？」說著就掏錢叫人給老趙頭補償損失。

　　那船員急忙告訴他：「那些包心菜中藏有鴉片，那也就是老趙頭的全部財產了。」

　　這下杜鎮遠才真正意識到問題的嚴重性。他連夜制定了守則，第二天就向全體船員宣讀。正因為這次事件，「大川」號上的船員再也不敢帶私貨了。

走得遠些

　　吉甫公看著這個孩子越飛越高，突然產生一個新的想法：該給這小子娶房媳婦了，不然他會越飛越高、越飛越遠，很快手中的繩子就會不夠長了，拴不住了；可能不久後就會連面都會見不到。於是他就叫妻子：「在鄰近的的地方找一位賢慧、聰明的女子給鎮遠吧。」不久一位面貌姣好的女子，被二老選中了。他們編了個謊話，叫回了在工作中的杜鎮遠。

　　淑娥這個新媳婦就是這樣在丈夫不知情的情況下，嫁了過來。她是個勤勞、能忍耐的媳婦，面對著這位對自己不理不睬的丈夫，仍舊做著自己的本分，每天一早將早飯擺在桌上，伺候公婆，毫無怨言地做著各種家務活。這一切杜鎮遠都看在了眼裡。晚上他站在長江邊自家院子裡，五月的風，迎面輕輕地吹了過來，柔柔地慰撫他的心靈。是呀，家裡的人也是為他好，而淑娥的確是一位不可多得的女子，勤勤懇懇、從不抱怨。既然自己不能總在家孝敬父母，就讓媳婦陪著二老也好。

　　因為還有工作，杜鎮遠在娶妻後沒兩天就回到了工作崗位。

　　那時杜鎮遠的工作已經相當不錯，待遇又好又穩定，還會論年資不斷升上去，加上他已娶妻，本應該圖個安穩的生活。可是這卻不是杜鎮遠想要的。工作了一年多以後，1916年他決定辭職，去京奉鐵路豐臺工務段當起了實習工程師。

　　當親友都驚訝於他的決定時，他卻說：「男兒要尊重自己的心願，這樣才能有更好的前途，不能只為了蠅頭小利而停滯不前。」多數的親戚並不看好杜的前景，有人甚至認為他是好高騖遠，不自量力，只有吉甫公說：「你想幹什麼就要幹好，幹得出色，否則不如不去嘗試。」

　　吉甫公和杜鎮遠都深深地知道：鐵路、火車才是他的夢想和夙願。

　　新工作伊始，北方人聽不懂他湖北腔的普通話，所以他也沒有什麼朋友，這正好給了他學習的空間，不用社交，省了不少時間和精力。

　　同事們看著他拚命工作，成績節節上升，也開始敬佩他了。慢慢地人們開始聚集在他的身邊，他就將他的想法和大家分享。有幾個正牌工程師對這個實習工程師刮目相看，也有幾個年輕人開始崇拜這個實習工程師。

　　一天，下班後——

　　「杜工，又加班啊？」同一個辦公室的小張在下班後看到他還在那裡伏案工作著。

　　「你們先走吧，我要將這個問題的解決方案做好後再下班。」

　　「杜工，別那麼拚哦，年紀輕輕的，累壞了身體就麻煩咯。」老李在一旁好心地說道。

　　「好、好，我這就下班。」杜鎮遠笑著答道。同事們的關心

使年輕好勝的他心中暖洋洋的。

　　小王故意大聲說：「你們有沒有發現杜工在工作的時候非常投入，好像忘了自己肉身的存在，甚至沒有飢和渴的感覺。」

　　同事們也跟著取笑說著：「對呀，他有個麻木的軀殼，只有頭腦永遠在高速運轉著。」

　　杜鎮遠聽到後也只是微微一笑。

　　就這樣，他與時間奔跑著，如飢似渴地吸收著大量第一線的工作經驗。由於他工作認真，基礎扎實，只用了三年的時間超過了很多工作多年的人，他由於出色的工作表現很快被上級越級提拔，這些自然也招來了妒忌。

　　他對自己說，這裡不是終點。他需要繼續進修。

　　是的，金子總是會發光，杜鎮遠的光還需要更多的歷練才能燦爛。但是，金子埋在底下，還是需要伯樂來挖掘。他在等待著時機。終於，聽說國家第一次招收公費留學的消息時，他立即報了名。雖須和名門望族、家世殷厚、清華學子等相爭，但他對自己是有信心的。

　　雖然從未對地位和榮譽看得很重，但他明白在甘於平庸與鴻鵠之志之間，自己心意已決。

　　他將目標擺好，餘下唯剩勇往直前。

　　他一邊工作，一邊大量閱讀國外關於鐵路的資料，從中學習著英美的經驗，也在等待著音訊。

　　這時，他聽說淑娥生了個兒子。

再走遠些

1919年，時任交通總長（相當於今日的交通部長）的葉恭卓接令開始為民國甄選第一批公費理工科留學生。

他瀏覽著近年來傑出畢業生手冊，陷入了沉思。一位唐山工程學院的土木工程系畢業生給他留下了深刻的印象。他還記得1912年自己跟隨孫中山視察唐山工程學院時，他對學生說：「學習世界科學技術，改變祖國貧窮落後的面貌，在座諸君不必都投身於鋒鏑之間。學習採礦、築路、建橋，也是為了革命。」「要中國富強起來，就需要修鐵路十萬英里，公路一百萬英里。希望大家努力學習，以身許國，承擔起歷史責任……」這時下排坐著的學生中鼓掌最響的就是杜鎮遠，只見他激動得眼角濕潤，受到了很大的鼓舞。

留意這位學生，更因為他優異的成績，以及創新的主意和奇特的想法、活躍的思維。這是一棵好苗子，假以時日多加栽培一定會成為國之棟樑。

畢業後，這位來自湖北的學生沒能在他的視野中出現過，不過他知道這個學生不會離開他夢寐以求的鐵路行業。憑著這個信念讓他在京奉鐵路豐臺工務段找到了杜鎮遠，他立刻差人命杜鎮遠前來有要事相晤。

杜鎮遠不知道自己為什麼要被葉總長召見，有些不安又有些

激動。當他推開葉總長的辦公室大門時，他反而沒有了慌亂，心中很平和。

葉公問：「畢業後你都在做些什麼工作？」

杜鎮遠答道：「一開始就是回到湖北，找了一份待遇優厚但沒有什麼難度的工作做了一年多。後來就到京奉鐵路豐臺工務段做實習工程師，薪水不高卻是我朝思暮想的鐵路工作。連降了兩個級別。」他自嘲一笑。

葉公又問：「做實習工程師還須幾年轉為正式的呢？」

「要看有沒有人辭職或退休了。」杜鎮遠老實說道。

「聽說現在你們工務段那幾位老工程師，上班只有看報喝茶的份兒了，你是想包攬所有技術性工作嗎？」葉公笑著問。

杜鎮遠停了一下誠懇地回答：「哦，我可能年輕氣盛，沒有考慮那麼多，我以後注意。」

葉公發現杜鎮遠沒有為自己辯解，也沒有說別人的不是，而是承擔了所有，讓他覺得這個年輕人很不簡單，很有擔當。

詢問一番後葉總長才告訴他，他在選拔公費留學生，前往美國康奈爾大學攻讀理工學位，專門習修鐵路相關專業，為將來的中國自行修建鐵路培養人才。

杜鎮遠恍然大悟，他這才開始有點緊張：「那麼……要考試嗎？」

葉恭卓望望這個朝氣蓬勃的小夥子答道：「考試結束，回去等通知吧。」

　　這番談話打開了杜鎮遠人生中嶄新的一頁。誰也沒想到這個來自山溝的小子能走出國門。他因此稱葉恭卓為他人生中的伯樂及恩公。

　　1920年1月，杜鎮遠來到了陌生的美國。別看他說普通話帶有嚴重的湖北腔，然而他的英文後來則是很正宗的美音。他先到美國聯合號誌公司（「號誌」，即信號）學習信號。信號工程就像是火車行駛中的指揮員，令在同一個系統上的列車不會發生事故。美國自1862年起就開始發展火車業，到了1920年，他們的火車技術漸趨成熟。

　　在中國要發展火車或火車線路，信號是不可或缺的技術。杜鎮遠在那裡認真地學習，從不浪費時間和他人去喝酒消遣，人們都說這個年輕人一定不是一般「材料」製成的，怎麼對學習那麼癡迷？只要是他不懂的都學，他的腦子從不停歇。

　　在康奈爾大學時，在別的同學交往、看電影及去舞會的時候，他不是在讀書就是在找兼職工作。他做花園、鑊草等雜活來相抵一些租金，從不亂花他的公派留學生的津貼。在1920年代初，美國已經普遍用電燈照明了，他卻依然用油燈，以便將花銷降到最低。

　　四年寒窗苦讀期間，他和當地的同學有了更深的溝通和瞭解，與他們也建立了深厚的友誼。他利用寒暑假去當地的鐵路公司做工，親身體會鐵路工人勞動的艱苦，也積累了不少最基層的經驗。

　　雖然每個學生都很認真地學習，但誰也比不上杜鎮遠的讀書勁頭。每個同學都對他讚賞地搖頭，因為這小子太搏命了，誰能趕上他的步伐呢？

　　「嘿，杜，你能不能放鬆一下？」美國同學德瑞終於忍不住說。

　　杜鎮遠抬頭望著他說：「我不是來自名門望族，一切都來自學習，如果我浪費了光陰，那怎對得起我的祖國？」

　　德瑞伸了伸舌頭，說道：「人又不是機器，何況機器用久了也會發熱，需要休息的，不是嗎？你的國家能修鐵路？你是不是發燒了？還是在夢中？」

　　杜鎮遠聽罷十分不悅，他也用德瑞一樣的口吻說：「英國人史蒂芬遜在1814年就發明了蒸汽火車，而你們美國不也是學英國在近幾十年才開始普及修建鐵路的嗎？你們現在從東岸到西岸需要六個月，你們不是也想改進嗎？你們能行，為什麼我們中國不行？難道說我們中國人比你們少了一隻眼睛還是一條手臂不成？」

　　德瑞見杜鎮遠急了，就小聲地說：「好、好好，那你就按照你的方法學習，而我就按我的方法學習，最後和你比比，看咱們兩個的畢業成績誰更好，比比畢業後的一生中誰修建的鐵路多。」

　　「一言為定。來日方長，咱們就用一生的時間，來比一比。」

　　這樣的學習態度和工作態度使杜鎮遠的老師及校長都對他刮目相看。也正是這樣強度的學習和實踐，在赴美的第二年他就考入了康奈爾大學攻讀碩士。四年後，他以優異的成績畢業。雖然畢業成績大比分地超過了德瑞，但德瑞還不服氣，一定要用一生來比比誰修建的鐵路多。這是他兩人之間畢生的競賽。

　　畢業後杜鎮遠被聘至美國德黑鐵路公司任助理工程師。

　　他給葉恭卓寫信彙報了近況，並將被聘一事如實告知，請葉幫他拿個主意：是就此回國，還是再實踐兩年？其實他心底明白，再多實踐兩年，一定會比碩士一畢業沒有實際經驗積累就回國起的作用要大。

　　他等了差不多兩個月才收到回信，葉公同意他在美國繼續實踐學習，但一切費用自理，並囑咐他早日歸國為國家服務。

　　葉公在函中寫到：「吾弟：希諄熱愛中華之誓言，國家富強需你我之奉獻，為國見功立勳乃為我中華兒女職責。國家正值多事之秋，若是能將鐵路建成網絡，乃可以緩解內外之困……」

　　杜鎮遠握著回信，立誓不負重託，學成必回國奉獻。

　　杜鎮遠在工作中很注重細節，他將每天的工作都詳細記錄了下來，經他手上的問題幾乎沒有出現相同的錯誤。

　　對於這個習慣，他的上司老喬治十分讚賞，因此他要求：「每個人都要有工作紀錄，第二天先讀一下自己的紀錄再工作。這樣會節省很多的時間，不會做重複的工作。只有會總結經驗，下次才能會自行解決問題。你們要學學杜，他這點做得非常

好。」

「喂，老兄，你怎麼這麼多點子呀？你的點子一出，老喬治就叫我們跟隨。我都覺得跟不上了。」同事哈利抱怨道。

杜鎮遠笑著說：「嘿，哈利，這些點子雖然是我出的，但那是為我自己用的，因為用起來方便。至於老喬治為什麼要你們學著幹，那是他的想法，不應該將帳算在我頭上吧。」

哈利想了想也就不再出聲了。

杜鎮遠就是這樣苛刻地要求著自己。當然，他的眼睛裡也容不得沙子，這使有上進心的人崇拜他，學習他，靠近他，而想混日子的慵懶之人都畏懼他，遠離他。一開始他還刻意去遷就，後來他發現對這些美國人反而是直截了當更有效，你拐彎抹角，他就會順坡下驢，完全不接招。嚴謹的工作態度，對他日後的成功起了巨大的作用，但直來直去的性格也使他受到了很多挫折。

這兩年的工作經歷，讓他學到了許多課堂上學不到的東西。他的刻苦努力甚得公司讚賞及認可。面對公司豐厚的待遇及熱忱的挽留，杜鎮遠卻毫不猶豫地選擇了報效祖國。他帶著簡單的行李，和豐富的的知識，毅然決然地踏上了返鄉的旅程。

久違的家鄉

1924年，湖北，長江邊。

萬里之外歸國的杜鎮遠找不到自家在江邊的房子，只見那裡有一片滑坡的痕跡。殘破的土道像是一片麵包被用手掰開了，參差不齊，向北面的那一片不知去向，只剩下路南面，那裡的的房子也是東倒西歪的。

他往山坡上望去，那邊似乎還有幾戶人家。他急急向坡上走去，見到了一個老婦人坐在門邊用粗糙的手機械地掰著玉米。

他望望四周，沒看到其他人，於是就與老婆婆攀談起來：「婆婆，你知道那邊是滑坡了麼？那住在那裡的人呢？都逃出來了嗎？」

老婆婆口齒不清地說著：「**轟轟轟**，那響聲比天上的雷聲還大，一定是土地公發怒了。」

「那住在那裡的人呢？」杜鎮遠焦急地問道。

「**轟轟轟**，那響聲比天上的雷聲還大，一定是土地公發怒了。」老婆婆翻來覆去地講著這番話。

杜鎮遠看著婆婆，搖頭歎了一口氣。他也席地而坐搓起了玉米，但腦中一直在想著事情。他突然覺得，事發當時父親一定不在家中，他得先找到父親。

他站起身來告別了老人家，就去了秭歸縣城尋找父親吉甫

公。這時吉甫公已是新灘鎮上出名的中醫大夫了。父子兩個久別重逢，自是互相傷感一番。在提到鎮遠的妻子和孩子時，老人悲痛又愧疚不已：「滑坡後，我們在下游找了很久很久，都沒有找到他們母子兩個，也許他們已經長眠大江中。」他們一起去拜祭了鎮遠的母親，也為那個只和他見過幾次面的妻子和從未見過面的孩子立了新墳。

他在墳前站了很久，從心裡默默地、由衷地感謝著妻子為他做的一切，雖然外面才是他展現才能的天地，他的一切並不在新灘。他請求這位賢慧的鄭家女子原諒他，並在天國中得到安息。

對於那個可憐的孩子，他也默默地請求著他接受一個失職的父親的歉意。

辦好這一切後，杜鎮遠又匆匆告別父親遠赴京城接受新的工作和新的挑戰。

鐵路救國

　　杜鎮遠自小就立志「鐵路救國」，如今學有所成，也是該報效國家、擔起重任的時候了，這一年他已經三十四歲了。

　　一回國他就接到了交通部的命函，率領以交通部為首的由國家各部技術人員組成的考察小組，對美國、加拿大、英國、法國、義大利、瑞士、比利時、德國、蘇聯諸國進行實地考察。

　　1925年1月份，代表團正式啟程。寒冬季節，外面下著鵝毛大雪，但團員們意氣風發，一點兒也沒覺得冷。

　　考察團在杜鎮遠的嚴謹要求下，分別對各個領域進行了仔細的研究與分析。他們白天考察完畢，晚上就在一起討論、分享各自領域中的現況，他們的交流都被杜鎮遠記錄了下來：一是學習別人的長處，二是從中找到我們國家要面對的問題。他在考察中，認識到鐵路交通乃一國之命脈，一國之財富，工業和農業的發展有了鐵路運輸就會事半功倍。所以，一般鐵路屬於國家企業，很少掌握在私人手中。

　　他認識到鐵路的管理同樣十分重要，管理得不好就會給私人或者黑勢力以牟利空間。他也憂慮：中國一直處在動盪之中，非常窮困，能有足夠的資金修建鐵路網嗎？每逢想到這一層，他的心都在刺痛。泱泱大國，受人欺凌，不就是因為我們弱嗎？他握了握拳頭，更加下定了決心，興旺中華，匹夫有責！可能這輩子

自己無緣見到祖國的鐵路建設成為世界一流，但幾代之後一定會超過英美。

他結識了很多國家的同僚，他們都友善地鼓勵中國代表團的團員，要堅持自己的信念，中國在各方面一定不會比他們差的。某個國家的交通部部長甚至說：「我相信中國，你們可以在八百年前超越歐洲，你們也會在將來超過歐洲的，因為中國人有著不服輸的血液。」

這使他不由自主想起了和德瑞的一生之約，他不相信中國會輸給英、美、德。

這半年在各國的考察可以說是仔細而全面，他們不但看到了表面的技術，也看到了深層的制度。他們對各國的優缺點進行了分析，杜鎮遠告訴大家：「取之精華，去之糟粕。不要覺得外國的什麼都好，要對我們國家有用才是好的。」

團員們帶著各自領域中的問題，在考察中得到了答案，每個人都受益匪淺。回國後，每個人都摩拳擦掌準備大幹一場。

諸國之行使杜鎮遠開闊了眼界，使他可以從管理層的角度看問題、分析問題和解決問題。這對他來說是一個質的飛躍。

如今打開地圖，我國的鐵路和高鐵縱橫交織。可是又有多少人還知道在那個年代，對於一心要以「鐵路」建設報效國家的杜鎮遠等人是多麼艱難。

成家立業

1926年6月代表團回到了祖國。7月份他就調任北寧鐵路京楡號誌總段工程師。回歸來的杜鎮遠刻不容緩地想要大幹一場，可是他的上司和親友卻都不那麼認為——他需要結婚，有一個自己的小家庭。於是相親就成了他在那一段時間的重中之重。

俗語說：「三十而立。」杜鎮遠的婚姻大事，他自己不著急，卻急煞了旁人，說媒的人趁著他剛回國幾乎跑斷了腿。他都近三十五歲了，這個問題一直是身邊的人焦慮的問題。他自己太忙了，如果不幫他張羅一下，那可說不定要拖到什麼時候。

人們都說：「是呀，這麼優秀的人真的幾輩子也碰不到一個。」

這些「好心人」卻讓杜鎮遠很煩心。由於上一段婚姻是父母包辦，這一次就一定要自己去辦，找個自己喜歡的，也喜歡自己的。他想找到一份「愛情」。

一日，他到朋友家中做客，碰巧看見一個女孩子，亭亭玉立，大方得體，見到有客人來了，客氣地行了個禮，就走進了內堂。杜鎮遠的眼睛似乎是一直追隨著那個姑娘，說話時都有些心不在焉了。

他的朋友當然明白。那天聊到很晚，他絲毫沒有離去的意思。但那個姑娘再也沒露過身影。他有些迷茫，也有些失望。有

過一次婚姻，且年屆而立的杜鎮遠，在這時才體會到一絲溫暖、奇異的感覺。

回到住處，腦海中都是那個姑娘的影子。他躺在床上，看著月光從窗外擠進窗簾，使房間裡有了一絲光亮。杜鎮遠打算邁出這一步，明天就像少年人那樣勇敢地去要求她做他的女朋友。他帶著那個姑娘的影子墜入了夢鄉……

第二天，杜鎮遠不請自來，還帶來了一束玫瑰花，以洋式的方式直接向寶蘭提出約會，直接越過了瞪大眼睛的寶蘭父母。寶蘭的母親剛想說些什麼，馬上被寶蘭的父親用眼神阻止了。

劉家是個大家族，他們的排行是家中五個男性所生子女的總排行，男孩子一個排行，女孩子一個排行。寶蘭是所有這一輩的女孩子最年長的，因此家中都叫她「大姐」。

面對杜鎮遠直接的邀請，這陣仗不但令幾個女孩子咋舌，也使幾位哥哥嫂嫂發出了一陣轟笑。臉紅到耳根的寶蘭羞愧難當，面色窘迫，正不知在這麼多人的面前是接花還是拒絕的時候，她的父親走過來：「好了，好了，你們出去走走吧，似乎你們在家裡更不自在哩。」老父的解圍，使寶蘭如釋重負。

寶蘭是家中最漂亮的女孩子，劉家的血液中有西方人的血統，所以當深邃的大眼睛、筆挺的鼻樑、高挑的身材的寶蘭非常有教養地出現在杜鎮遠面前的時候，他已經決定去追求她，去征服她。

從此之後，花前月下的他們兩個似乎有說不盡的話題。原來

寶蘭是天津女子中學的，還會打籃球，這些資訊叫杜鎮遠刮目相看。他看著這位有些新時代氣息的大家閨秀，和她的距離近了許多。他在外國時間長了，與舊式女性有著很大的隔閡。而舊式的婚姻一次對他來說就已足夠了。這時，他慶幸找到了生命中的另一半。

他告訴她他的家庭狀況、他的家鄉、、他的留學時代，以及他在各國的所見所聞。他向她坦白曾經那段婚姻的來龍去脈，他的坦蕩讓寶蘭心中暖暖的。那個時期，成功的男人哪個沒有三妻四妾的，而他卻說他是一妻制的支持者。這個成熟的男人有著成熟的魅力，寶蘭在內心深處已經接納了他。

他帶著寶蘭去看電影，去舞廳，去洋餐廳，攻勢猛烈地有些讓寶蘭喘不來氣。雖然他比她大近十七歲，經過短短幾個月時間的相處，寶蘭心裡深深地愛上了這個成熟有風度的男子。

雨後，天氣開始有了些寒意，他將自己的外衣脫下來溫柔地披在寶蘭的肩上。秋天轉眼來臨，杜鎮遠決定向寶蘭求婚。求婚？在1925年的秋天是多麼地稀奇，沒有媒妁之言，沒有父母之命，完全是西式的。送來的一屋子鮮花，使全家的女孩子興奮無比。那天，杜鎮遠西裝革履地來到劉家，對著寶蘭，當著全家老少的面單膝跪下，舉著一個小紅盒，大聲說道：「寶蘭，嫁給我吧！」寶蘭羞到不知如何回答，她用雙手捂住臉點著頭。

秋後，天高雲淡，藍藍的天空上連朵白雲都看不見。這件大事就這樣定了下來，這幾天劉家上下人滿為患，每個人都神色興奮。

「洋式婚禮，是什麼樣的？」

「一定有大餐吃吧？」

「俗氣，絕對沒有吃喝，只有音樂的那種。」

「聽說大姐結婚後，就要搬到北平去住了。」

「是嗎？離開天津呀，那陌生的地方也夠大姐受的。」

「鐵道部，就是鐵道修到哪兒，家就搬到哪兒，大姐做好準備了嗎？居無定所哦。」

「可是據說杜先生很快就會升任局長哦。」

「啊！局長啊？那大姐就要享福加寂寞了。」

姐妹們七嘴八舌地議論著。

婚禮就這樣在大家的期待中如期舉行，二人在大家的祝福中成為夫妻。婚後不久他們就搬去了北平。

杜鎮遠在此時被任命為國民政府建設委員會土木工程專門委員。

杭江鐵路

（1）

　　1927年，浙江省啟動了自建鐵路動議案。省政府通過了《杭江鐵路籌備處組織大綱》，並任命杜鎮遠為籌備處主任。杜鎮遠也開始了籌備的工作，他計畫的最後一項寫著：搬家去杭州。

　　他的抱負和工作投入程度，別人不瞭解，可是副手小郭最是清楚。小郭私下總是說杜鎮遠：「這個人是個金剛不敗之身。」杭江鐵路的專案激起了杜鎮遠的興奮，意味著以後的工作和生活將會非常地繁忙。不過，小郭已經已經做好了心理準備，他告別了母親、女友，陪同杜鎮遠到杭州赴任去了。

　　杭江鐵路工程起始於浙江杭州對岸錢塘江邊，終止於江西之玉山，全程只有三百五十五公里。其里程之短、範圍之隘、設備之陋也是前所未有的，因為這段鐵路是浙江省出資的省內鐵路。

　　杜鎮遠一抵杭州，就馬不停蹄地趕到浙江省主席張靜江的公館，他開始審查原擬杭江輕鐵的設計方案。他將資料拿回到住宿的房子內，這一關門研究就是兩天沒出屋子。每頓飯都由小郭給他送進來、端出去，他知道杜工在工作時不喜歡被打擾。

　　在屋內，杜鎮遠看著資料，計算著，思考著。他知道浙江省政府籌不到多少錢，沒有錢要建造鐵路幾乎是天方夜譚。但在杜

鎮遠眼裡沒有什麼是不可能的，只要有人，有心的人。

他用手托著下巴，皺著眉頭，腦子飛速地運轉著。他用他的專業知識迅速地開始寫計畫書：

人事：設立工程處，

1）設正副局長各一人

2）下設祕書二人

3）總務、工務兩處，各設處長兩人

4）總工程師兼任工務處長

5）總務處下設文書、會計、材料、地畝、機車、運輸、警務、庶務八股

6）工務處下設設計、橋樑、考工三股及所屬工程總段和分段……

他叫來小郭，將計畫書轉交給張靜江。可是當郭祕書打開門時，杜鎮遠又叫住了他，說道：「等等，我還要改改，改一份更省錢的計畫。專案資金短缺，我們應該一個人當兩個人用，盡量省省錢。我要再斟酌一下。」

他一改再改，到了最後名單已經只剩下：

1）局長、副局長，總工程師由局長擔任，裁撤了祕書職位

2）處改為科，四個科為總務、工務、運輸和會計，各科

　　分別設科長一名

3）運輸科長由副局長兼任

4）總務科轄文書、材料、地畝、警務、庶務五股

5）工務科轄設計、橋樑、考工三股

6）運輸科轄車務、機務二股

7）會計科轄綜核、檢查兩股，各股設主任一人

8）工務股由副總工程師兼任

……

　　每個有能力的人都有兩個或以上的職務，這樣「能者多勞」的策略，使擔任要職的人壓力很大。

　　無奈，資金有限，必須精打細算。

　　他在週末回了趟北平的家，當看到即將臨盆的寶蘭，他一臉的歉意。他將自己的大手放在寶蘭的小手上，深情地看著她。別看他在會議上一向自信瀟灑地發言，但在家裡則總是惜字如金，不知應該說什麼，只是用實際行動訴說著他對她的思念。寶蘭告訴他，懷孕的痛苦的反應和第一次臨盆的緊張，杜鎮遠要她堅強。

　　他說：「等孩子生下後就將家搬到杭州吧。我會在你臨盆前盡量趕回來的。」

　　寶蘭難掩一絲失望，小心地問道：「那我可不可以回天津去生孩子？娘家的人多，大家都容易幫一把。」

「也好，我馬上安排你去天津，帶上李媽。盡早去，不然路途顛顛簸簸容易早產。」他理智地安排著。

不到一個月，杜鎮遠的大女兒在天津出生了。他很高興，週末他去天津看望。寶蘭抱著女兒讓他給起個名字，他看著漂亮的妻子，想著寶蘭有著來自法國尼斯（Nice）的血統，而尼斯的拼法又和英文的「Nice」的拼法一樣，他脫口一出「乃斯」。「就叫乃斯吧。」杜鎮遠又回到了第一次當了父親的那天。這年，他三十八歲。

（2）

西邊天際一抹落日的餘暉，令天上的白雲染上了一層層美豔的色彩，鮮豔奪目，斑斕絢麗。微風輕輕吹拂著他的面頰，他的身影被霞光勾畫出一個金邊。杜鎮遠眺望著遠處，暗自發誓要將特長和餘生都為國家做出奉獻，為民眾做出貢獻。如今，他施展拳腳的時刻到了。

杭江鐵路，沒有指定專款，也沒有建築基金支援，只靠籌款，可想而知資金是多麼緊張。所以，杜鎮遠小心翼翼地籌畫著，他從來沒有埋怨這「無米之炊」。他咬著牙，心裡想的就是兩個字「去幹」，人到山前必有路，船到橋頭自然直！

他提出了「先求其通，後求齊備，求快求省，放眼未來」的口號。他帶著工作熱情，堅韌不拔、全神貫注地投入了工作。

第一段由西興江邊至蘭溪，約一百九十五公里，需款約七百

萬元，除由浙江省省庫撥付一部分現金和從建設公債取出一部分外，不足之數向銀行財團墊借了三百六十萬元。這些墊借款要用江蘭段全部資產及營業收入做抵押，還要付出月一分的高利。

修築鐵路人才是關鍵的關鍵。他馬上成立培訓班，培養機務和車務人員。杜鎮遠在美國留學時，就十分注意他們甄選人才的機制。他錄取的人必須通過面試，不夠實力、為人不忠、偷懶惰性、貪婪嗜賭的，統統不受錄用。他的修築隊的甄選比政府遴選還要嚴格。人事部有著一套的考核標準，考分不夠者絕不遷就。為了防止裙帶關係，他總是親自查看最後的名單。

他和幾個工程師不停地修改著方案，在研究時反覆核對，決定採用輕型鋼軌，擺脫了國外托拉斯集團的壟斷。工廠還是一樣的工廠，但其價格就節省了不少，而品質也是受到保障的。

他親自參與購買方案，參與測量。他對大家說：「材料要便宜但品質不能馬虎，不然就會有重大的事故發生。從其他方面想辦法。比如反覆詢價，多家詢價，貨比三家。要精挑細選才能下單訂購。訂購後，要派人監製，不允許任何人摻假毀了工程。」

他小心謹慎、挖空心思，為這條沒有資金的鐵路謀畫著。會議一個接著一個，有時連吃飯的工夫都沒有，就又鑽進了會議室。急得副官小郭直跺腳，他只好送上一杯熱牛奶放在杜鎮遠的桌子上。

會議上杜鎮遠用他富於磁性的聲音說著：「鋼軌軌距用固

有的標準軌距，這樣以後就可以與滬杭甬鐵路相通聯運。至於坡度曲線一定要堅持一定的標準，以便將來改建重型鋼軌時線路仍可使用。這兩項由老蔣負責。有什麼問題直接向我彙報。橋樑載重也要採用國家標準，以便將來行駛大型機動車輛。這項由築橋總工易先生負責。車站房屋則租用民房或廟宇，也可搭建簡易篷房。這一項由庶務負責。」

他一臉的認真，一臉的嚴肅，一絲不苟地布置了所有負責人的任務，然後問道：「諸君可有何異議？若工作中遇到了什麼問題都可以直接找我，我必與大家共同商議，一同解決。」

不久，一切的籌備工作已經就緒。1929年6月，經彙報批准後，交通總長宣布撤銷「杭江鐵路籌備處」，同時宣布成立「杭江工程鐵路局」，杜鎮遠為局長兼總工程師，杭江工程啟動了奠基禮。開弓沒有回頭箭，一切的工作必須向前運作。

這時，寶蘭已將家搬到了杭州，她有條不紊地料理著家中的一切，不久就將家安排得井井有條。小小的庭院，江南風格。但是，就算是如此溫馨的家，杜鎮遠一如既往常常出差，很少在家裡住著。乃斯看到媽媽又大了肚子而不能抱她，所以就噘著嘴吵著要媽媽親。寶蘭將乃斯攬在懷裡，親了親她。這次懷孕寶蘭格外小心，因為幾個月前她心痛地剛失去了一個孩子，那個小孩出生不久就得了肺炎，當時的醫療條件下沒能救回來。那是個小女孩，還沒能看清天地是怎樣的，甚至還沒有名字就匆匆地離開了這個紛亂的世界，她到現在想起來心中還隱隱作痛。所以，這次

她小心翼翼，因為每個孩子都是她和杜鎮遠的結晶啊。

　　杜鎮遠在控制管理工程的同時，也在積極地籌款。修築這條鐵路的資金總是告急，杜鎮遠就像個救火隊員一直需要衝在前線救火。

　　有一次，他為了成功貸款，親自去拜訪中國銀行行長張公權，雖然已經通報，但他在傳達室等了很久，仍沒有人理會。他執著地等著，不肯離去，就這樣一等等了四個小時，終於得到了傳見。張公權當然知道杜鎮遠有多忙，也知道杜一貫的作風是風風火火，雷厲風行。他就是想試探一下，看看鐵路資金是不是真的那麼緊張。他曾經也借貸給杭江鐵路，但由於種種原因，以至還款不及時，所以其實不願意再借貸給這個項目了。

　　可是這次，他被杜鎮遠的誠意打動了。張公權仔細聽著杜鎮遠的講解。

　　杜鎮遠如數家珍地說了這條鐵路的作用，這條鐵路所需資金，實際上他們得到了多少，還差多少，資料非常精確。張讓祕書叫來貸款部部長，展開一輪的協商。最後由於杜鎮遠的說服力，這次貸款終於成功。

　　就這樣，杜鎮遠得到了張公權的信任，他們還成了好友。

　　這只是成功的一例，當然也有吃閉門羹的。

　　他從不氣餒，繼續在企業中籌款。雖然國家是支持他的，但國庫中確實銀根很緊。

（3）

杜鎮遠日思夜想，為了資金嘔心瀝血。他看到鐵路越修越長，突然想出了一個前所未有的想法。他即刻召開高層會議，說道：「由於資金短缺，我們必須另闢途徑。我有一個想法：鋪路與運營並舉，效益同信譽兼顧。諸位認為如何？我們可以一邊修築鐵路，一邊運營，以填補資金的短缺。」

大家先一愣，然後都高呼英明，這招准準能解決不少的資金難題。

最終，這個方案的實行給周邊的地區的人們帶來了方便和利益。一時間，貨暢其流，物盡其用，也給鐵路本身帶來了收入，可謂是一舉多得。當時的國營鐵路多是用於貨運，而杭江鐵路也承擔客運服務，員工對旅客態度和氣，服務周到，所以效益明顯，信譽日著，客貨量也與日俱增。

玉南段通車後，全體工人和技術人員都精神振奮，在杜鎮遠局長兼總工程師的直接指揮下，再接再厲由南昌繼續向西修築至萍鄉的南萍段。他召開了一次全體員工動員大會，激勵員工保持高漲的情緒。

他說：「我們能做到，我們一定能做到！不管前面有多少困難，都要克服，都必須克服！你們能不能克服？」

「能！」員工們異口同聲的大聲回答。

「對，你們都知道；我們在做一件古今中外前所未有的事

業，但這就是我們的國情，我們必須在我們的國土中開創出屬於我們自己的道路……」

大標語橫幅懸掛在工地旁，工人們一邊喊著號子，一邊鋪設路軌。鋪路全靠人的勞力，那少得可憐的資金根本買不起昂貴的機械設備。

1930年，**寶蘭**又誕下一個女兒，為了紀念那個夭折的女孩，他們決定給她留下一個位置，因此這個新出生的女孩排到了第三。

「杜工，杜工！」副官小郭慌慌張張地跑到了杜鎮遠的辦公室。

杜鎮遠眉頭一皺，望向很少如此驚慌的郭副官：「什麼事那麼匆忙？」

「杜工您是否知道杭江線的乘務員罷工了？」郭副官嚥著口水，還沒有喘順氣。

「為什麼？」杜鎮遠問道。

「聽說是由於連續兩個月沒有發放月糧，現在已經全線停車了。」郭副官答道。

「通知下去，立刻召開中層幹部會議，尤其是會計部的，會計部的科長必須出席。」

小郭領令後就急忙安排通知。

會議上，杜鎮遠仔細地詢問著為什麼苛扣乘務的月糧，他說道：「你們可否知道，他們是工作在第一線，直接服務大眾的？是為我們創造利潤的關鍵。現在車停了，大家都沒有收入，沒有

收入的話，誰來養活車務？以及鋪路的員工？甚至你同我？可以增加班車多輪送客和貨，但不能在員工的薪水上苛扣，交通行業要以人為本。」

由於高層的迅速反應，這次突發事件很快就得以解決。

可是沒多久問題又來了。

「杜工，有時間嗎？我來反映個情況。」庶務處處長在杜鎮遠辦公室門口探頭探腦。

杜鎮遠指著前面的座椅，說：「請坐。」

庶務反映他們處的人員流動太厲害：「一個又一個剛招聘上來的人，才教會，就走了，我們處就像一個培訓中心，不停地培訓人才。老員工都怨聲載道。」

杜鎮遠問道：「那些新人的主要工作都是什麼？」

「抄抄寫寫的，沒有什麼技術含量但又不能不做。」庶務處長回答著。

杜鎮遠點了點頭，然後吩咐：「通知下去：以後各部門所有招上來的新人都要利用工餘時間做技術培訓，培訓講師由各部協調出任。因為年輕人出來工作都是想學本領的，那些沒技術含量的工作可以養家糊口但不能提高他們的水準，久而久之，有頭腦的人就會明白過來，當然就離職了。」

庶務處長一愣，問道：「用工餘時間？會有人參加嗎？」

而他的擔心是多餘的，新人們幾乎全部都接受了培訓。不久離職的新人少了很多，年輕人誰不願意來學新的知識增長見識呢？

　　事情總是一件接一件地發生，又一件件地解決。而社會上也總有著嘲笑他們不自量力的聲音，有搧風點火的，有幸災樂禍的，有冷嘲熱諷的。幾乎是在一片不看好的情況下，杜鎮遠堅定著自己的決心，頂著這些負面的社會輿論，和他的團隊兢兢業業地幹著實事。

「內政」風波

　　杜鎮遠夜以繼日地在修築鐵路的第一線忙碌著，甚至在1932年兒子出生那天他都沒有能趕在第一時間回家看看妻子。寶蘭是大家閨秀，她深明道理，沒吵沒鬧，盡量不為家裡的事情拉他的後腿。他忙得只能在指揮前線的小屋內和寶蘭通上幾句電話。那時電話還遠未普及，因為鐵路建設需要頻繁和外界聯繫，他才有一條外線電話，而另一條則屬交通總署的專線電話。

　　很快，年近三十五歲仍雲英未嫁的妹妹從湖北鄉下來到了杭州，杜鎮遠想著可以減輕寶蘭的壓力，就將家中的財政大權交給他妹妹，並交代寶蘭費心教她。

　　然而，事情並不如人願，大家生活的背景不同，消費觀也不同，寶蘭從來不在食物上斤斤計較，因為孩子們正在長身體。而小姑則嫌杭州菜貴，就在門市前等待著人家在收攤前的減價，買回來的菜簡單又不新鮮，卻總得意於今天又省了多少錢。

　　一個下午，寶蘭正在督促孩子們做功課，突然她聽到院子裡傳來奇怪的響聲，她出去一看就驚呆了，小姑子正在刨挖著她最

心愛的玫瑰，那些玫瑰枝殘葉落、東倒西歪地躺在地上。寶蘭心痛不已但克制住了斥責，只好站在那裡抹淚。

小姑子看到她沒好氣地說：「這些花都是好看不中用的，我準備將這玫瑰園改成菜園，這樣我們家的菜就可以自給自足了。」

寶蘭氣憤地走開，因為不想被孩子們見到，就把自己關在房中。

孩子們相繼衝到院子裡也都愣住了。這玫瑰園可是媽媽最喜歡的呀，從春天到秋天，廳堂中總有那麼一個玫瑰的花瓶，使這個家總是充滿了溫馨。小姑就這樣不問媽媽就改成菜園，爸爸回來了會怎麼說呢？

兒子比較淘氣，衣服很容易破損，寶蘭本打算幫他再買兩件，可是又不敢張口向小姑子要錢，於是聰明的她就縫縫補補，為了不讓別人看見局長的兒子穿著不得體，就將補丁的地方縫成一輛小車、一隻小船，就這樣自己的縫紉技巧倒是增進了不少。

寶蘭等不到丈夫的忙碌，也曾試圖和小姑子講道理，但一切都似枉然。

不久，小姑子又將傭人辭退了，認為家中沒有必要花錢聘用她們，有寶蘭和她就可以，管理這個家也沒有什麼複雜的。

時間似乎變得很慢很慢，自嫁給杜鎮遠後，寶蘭從來沒有這樣的感覺，她盡量忍著，又多麼希望在這個時候有那個偉岸的肩膀讓她靠靠。

終於在兩個月後，杜鎮遠忙完了手頭上的緊急工作，回到了家。

當他一進家門，就發現家中的異樣：怎麼變得這麼冷清？

他留意到院子裡的異樣，也看到了門內那瘦弱的小妻子顯得更加纖細了，他望向那對往日總是跳躍著欣喜火焰的雙眸，而今卻冒出了一片深濃的霧氣。

他摟著寶蘭走進了屋內，溫聲問道：「有什麼要和我說的嗎？」

寶蘭低下頭，抿著嘴，一聲不出，眼中卻湧出了委屈的眼淚，為了不讓他看見，她別過了臉。

杜鎮遠急了：「為什麼不給我打電話？」

寶蘭仍是不發一言。

「好吧，今天就先睡下吧，我累了，一切都到明天再說。」杜鎮遠無奈地說著。

第二天清晨，一夜淺眠的寶蘭偏頭痛又犯了。頭痛欲裂，她不想起床，不想吃飯，更不想開口說話。杜鎮遠怔怔地看著寶蘭，寶蘭雖然醒了卻仍閉著眼睛，但那顫抖著著睫毛出賣了她。杜鎮遠沒有辦法，只好去找大女兒乃斯瞭解情況。乃斯是個直性子，倒豆子似地將自己看見和想的都說了出來。

杜鎮遠這才明白發生了什麼。見到久別的兄長，妹妹也非常高興，用湖北話語速極快地說著這一段時間她是怎樣勤儉持家的。

她發現哥哥黑著臉，心中不悅：「是不是二嫂和你說了什

麼？」

她越來越大聲：「她一定說了！一定告狀了！……可真會裝！」

杜鎮遠望著這位多年沒在一起生活的妹妹，聽著她歇斯底里地喊著。他想自己可以領導萬人築路大軍，難道一個家庭能有什麼解不開的矛盾，大家開誠布公地說清楚不就行了嗎？

他決定用工作上最有效的方法，召開第一次家庭會議，寶蘭和妹子都在座，孩子們中大小姐和三小姐參加了。

那天的杭州天氣十分悶熱，悶得人都蔫蔫的。寶蘭找了個側位坐下，低著頭，眼觀鼻、鼻觀心，誰都不看。大小姐和三小姐在開會之前已經商量好了怎麼幫媽媽，兩個小姑娘安靜地坐在角落裡，而小姑子則大刺刺地坐在屋子正中的大椅上。

杜鎮遠走進來看見了這樣的情景，心中略有不悅，說道：「妹子，請你坐在側位，寶蘭坐到正位。」

小姑面色一變，不快地說道：「我比她大好多呢。」但她看見哥哥不怒而威的面龐，馬上收住了呢喃。

杜鎮遠坐下來說道：「這個家是我的家，也是以我和我太太為主體的家──不論是中式的還是西式的家都是以夫妻為單位的，父母是要孝順的，可是他們並沒有和我們同住，然後才是孩子，其次才是其他的親人。妹子，你要清楚你並不是寶蘭的婆婆，你是小姑。」

寶蘭聽到這裡，眼光裡透出了欣慰的神情。她明白先生的眼

晴是明亮的，會解決好這個問題。

　　他又問道：「乃斯你說說，院子裡是不是你們幾個小傢伙搞壞了那麼多好看好聞的玫瑰花？」

　　乃斯急忙立正站好，將自己的手背在身後，像在學校回答校長問話一樣，大聲地回答：「報告父親，玫瑰花是小姑刨的，她將玫瑰園改成了菜園。我們那麼喜歡花兒，不會做那種事的。」

　　杜鎮遠聽罷點了點頭。

　　然後，他將臉轉向寶蘭問道：「家中的廚子老陳和保姆李媽是你辭掉的嗎？」

　　寶蘭輕聲回答：「不是我。」

　　他點了點頭，然後做了決定：「妹子，請你將財政大權交出來吧，你還不熟悉這裡的生活。以後還是讓寶蘭管理財政吧。」

　　他知道這都是他的錯，不應該就那樣草率要妹子掌管家中財政。這次由於工程緊張，他已經好幾個月沒回家了，這期間寶蘭的委屈可想而知。寶蘭受過良好的教育，她從來不屑告狀，從來沒有因為受委屈而哭哭啼啼或大吵大鬧，只好愈發沉默。他有些心痛。

　　而妹子，她是從鄉下來的，加上年紀大了仍未嫁，更加自卑。這次來到哥哥家中本想就是要做管家的，從沒想要顧及那個比自己小了十幾歲的小嫂子，根本沒把她當成什麼重要的人物。她覺得自己就是這家中的女主人，理所當然地按著自己的想法去打理。她性格剛愎固執，不會也用不著萬事都向嫂子報告，自己

就做了決定。在她的認知裡，管理家應理所當然就是應該這樣省吃儉用，才能將日子過好。

杜鎮遠終於開口慢慢地對妹子說道：「我是局長，常常會有很多同僚和部下、朋友和供應商來家裡做客、吃飯、喝茶、小酌，你將好好的玫瑰園就這樣拆掉了，改成了菜園，是不是想讓所有人都知道我家沒有錢買菜了麼？我們的家要有一定的品味，要是一個溫馨的家。因為這裡不僅僅只是家，還是一個場所。」

他又說道：「我的工作忙，寶蘭操持這個家，雖然很累，但從沒有怨言。這次家中的變化，是寶蘭和妹子生疏導致。是我不對，我應該安排你跟寶蘭先適應這裡的生活，再讓你管理家庭。」

「還有，我要強調一件事，寶蘭自始至終沒有向我告狀，我明白她的意思，她相信我能解決好這件事。這也是我們夫妻的默契吧。妹子，你明白我說的話嗎？」

他問他的妹子，只見他妹子緊抿著嘴，眼淚在眼眶中打轉。

他走過去輕輕地拍了拍她，安慰地說：「沒有關係，我知道在你以前的世界裡和現在有著極大的不同，要去適應，去學就好了。假以時日，你都會學會的。」

那天晚上，是寶蘭做的晚飯，大家安靜地吃過，就各自進了屋子，只有寶蘭默默地收拾著碗碟。忙碌完，她才回到了臥室。

第二天，天沒亮就聽到電話急促的鈴聲，杜鎮遠趕緊披上衣服去接電話，他用低沉的聲音匆匆吩咐著，並馬上安排回工地的

行程。

　　他匆匆收拾了一下自己的衣物，出發前看著寶蘭和妹子兩個人，淡淡地說：「我的工作很忙，家裡就有勞你們了。你們好好相處，好嗎？」他將囑託都在目光中傳達了出去，轉身就上了車。

（4）

　　他不斷地教導他的團隊：「利用本國技術人員創建鐵路以變異國人之心理，為交通建設祛除無形之障礙。」

　　他自己以身作則，身先士卒，親自帶領著他的團隊日夜奮戰，冒著嚴寒，頂著烈日，勞瘁不辭，爭分奪秒。他走向工地現場的第一線親自解決工程中的問題，拿著被汗水濕透的圖紙，在施工的地頭和工程師們討論著。他被汗水濕透的頭髮一撮撮地貼在前額上，衣服也被汗水浸泡得發出些許酸臭味。他也要求其他的技術高管全體下到工程第一線，現場的問題就在現場解決。

　　工程雖然艱巨，但他們就是以這種精神日復一日地在高強度的工作中度過的，有時真的累了，就在工棚中小寐片刻。工程進度之快，可謂史無前例，在當時情況下實屬罕見：

　　　　1931年6月通車至尖山。

　　　　7月通車至諸暨。

　　　　10月通車至排頭。

　　　　11月通車至安華。

12月通車至義烏。

1932年2月通車至金華。

3月通車至蘭溪。

……

接著金玉段工程開始動工。

由於前面的工程運作成功，這段工程的資金順利得到了四家銀行財團的貸款支持。

這段時期，國民政府中，屢屢出現貪污大案。這種風氣慢慢地在社會上開始發酵。

杜鎮遠見狀在每次開會都會強調：「在我手下工作，必須是要不怕艱苦，有奮鬥之精神，有學習之欲望，為後世範，清正廉潔。別讓我發現你們有人利用權職去做不當之事，一旦發現必交官府量刑處理。」

在層層幹部互相監督下，杭江鐵路居然沒有發現一起貪污事件。

在他為了工程的進度而努力奮戰時，他在杭州的家迎來了四個孩子。最大的孩子十四歲，最小的即將上小學。這是他大哥臨終託孤的四個孩子。那天，寶蘭打開大門，一臉震驚看到四個髒兮兮的孩子。聽到最大的那個孩子喊著「二嬸」，她馬上明白了他們的身分。孩子們坐了很長時間的火車，一路輾轉顛簸才來到杭州。寶蘭趕緊把孩子們引進家中，吩咐傭人趕快燒水給孩子們

洗澡，然後手忙腳亂地安排房間、被褥。當孩子們穿上乾淨略帶清香的衣服時，他們才放下了一路上的忐忑不安。

多了四個孩子，家裡更熱鬧了。大女兒乃斯卻對這四個打破了家的安靜的孩子很是不滿，因為她要犧牲時間幫他們溫習功課。

這四個孩子會在吃飯時大聲嘈雜，寶蘭就教育他們「食不言，寢不語」。看到他們坐姿或站姿不對時，就要教育他們什麼是「站如松，坐如鐘」……就這樣慢慢地教著他們規矩。

一直等到杜鎮遠終於回家時，才對他們的學習和生活做出了安排。上中學的孩子就要住到學校去，週末才能回來，其餘的則在大姐乃斯的帶領下，該上學的上學，自己個人衛生要自己去完成，由大姐乃斯去檢查，不合格者要重新再來一遍。

安排了家中的事情，停留沒兩天，他就又趕回工地了。

1933年，要策畫修建錢塘江大橋了，杜鎮遠反覆思量著人選，一個康奈爾大學的學弟名字跳入到他的腦海——茅以升。在美國時，他曾見過這個學弟，是個求知若渴的青年，和他談得投機。兩人都熱愛工程，都有報效國家的意志，都愛讀書學習。

杜鎮遠主修鐵路，茅以升主修橋樑。杜鎮遠決定請他來修建這條貫通南北的錢塘江大橋。他翻身起床，立即揮筆疾書，詳述這條大橋的重要意義，勸說了茅以升參與這個工程，修築這條大橋。

茅以升接到杜鎮遠的邀請後，也思考了一段時間，最後決定與杜鎮遠一起建築這項工程。杜鎮遠任他為錢塘江大橋總設計師。他著手組織設計隊伍設計，勘查位置，1934年7月交出圖

紙，和杜鎮遠及其他工程師一起探討可行性。一切準備就緒，8月就開始施工建橋。而後來，也正是這條大橋使茅以升在中華大地揚了名。這是中國自行建造的第一座公路、鐵路兩用雙層桁架樑橋。大橋建成後先後被炸了四次。那是一條多災多難的橋樑，也是一座記錄著歷史的橋樑。

相傳大橋總工程師羅英曾出過一個上聯：「錢塘江橋，五行缺火。」欲徵下聯，始終無人應對。而抗日戰爭時期，為阻擋日軍，1937年12月23日大橋惜遭炸毀，令茅以升揮淚寫下了傷感和決心：「斗地風雲今變色，炸橋揮淚斷通途。五行缺火真來火，不復原橋不丈夫。」

1933年12月杭江鐵路全線通車（西興江邊至玉山）。

經過數年的艱苦奮戰，因地制宜的政策取得了成功，工程師和員工們為了節省開支，群策群力想了許多的方法。由於鐵路設備缺乏，客車設備很簡陋，令杭江鐵路機務人員常常處於窘困之中。比如在車站缺乏電燈設備，為了讓旅客們上下方便，他們別出心裁，將每列客車車門裝置反光大電燈，列車入站後，將燈打開，光明照耀得如同白晝。冬季雖無氣管，但他們在車廂內增加炭爐，足以禦寒。

終於，一個在全國名不見經傳的工程，在浙江則口碑極佳的工程，完成了。杜工為浙江人民造福，但他不喜張揚，不報功。而至今在杭州的鐵路博物館中都未曾發現杜工這位勤勤懇懇為修築杭江鐵路領導者的隻字片語，令我參觀完博物館時，有著不盡的唏噓和感慨[1]。

消失

而這時，突然杭州的家中又發生了變故。大哥最小的孩子日常由杜鎮遠的妹子負責接送上下學。有一天，從學校接了小不點出來，小姑被街邊上的一種南洋進口的水果吸引了注意力，她過

---

[1] 《杭江鐵路工程紀略》中記載：「甲午以還，國人怵於外侮之侵凌，咸悟建設之重要。國營事業早具規模。顧或以組織不善而失敗，或以主持非人而無成，人民對於政府亦墮其信仰，視投資國營事業為畏途。杭江鐵路為浙江省辦工程，經費達國幣一千二百餘萬元，其間借用中英庚款不及三之一，政府籌措不及四之一，大部出自社會投資，而無借用外資諸國有鐵路之束縛誅求，是社會對於政府已達共信互信、欣合無間之域……。局長杜君建勳暨諸同人之始終其事，不辭勞勞，尤為中國建設前途之佳象，不啻杭江一路之幸也。」

去多看了兩眼，問了幾句，然而一回頭小不點就不見了。她大聲地叫喊，卻怎麼也找不到，嚇壞了的她也不敢回家。

寶蘭和廚師一起在廚房中忙碌著晚餐。夜色悄悄地降臨了，餘霞仍在努力地放著最後一抹光輝。

乃斯這時跑進廚房：「媽，小姑和小不點怎麼還沒回來？」

寶蘭一驚：「什麼？還沒回來嗎？」

她在圍裙上擦著手，焦急地走到大門口。在微弱的光線下向遠處張望著，那長長的巷口直至大馬路邊，都沒有他們的身影。她著急地想：小孩子丟了，大人應該認識家呀，為什麼大人也沒回來？她深深地長呼一口氣，強迫自己冷靜下來。

時間就這樣無情地過去，夜越來越深。她走到家中的電話前，默默地盯著那黑色的散發著抑鬱氣息的電話。她深深地呼了一口氣，撥動了杜鎮遠的電話號碼。

杜鎮遠忙了一天，剛睡下不久就聽見了電話鈴聲刺耳地響起，與寂靜的夜晚格外不協調。

「喂？」聽見丈夫的聲音從電話中傳來，寶蘭一下哭了出來，她哽咽地向杜鎮遠訴說著今天發生的事情。

杜鎮遠說：「你一個女人家，晚上就別出去找了，我現在打個電話給警察局的李局長，看看他們能不能幫上忙。先睡吧，明天才有精神去找他們。」

那一夜，寶蘭徹夜無眠，乃斯和崇慶乖乖地陪在媽媽的身邊。崇慶比較小，實在熬不住了就枕著姐姐的腿睡著了。

天剛泛出一抹青藍，寶蘭就被一陣急促的敲門聲驚醒。她急忙站了起來，就聽到一聲驚呼，原來寶蘭忘了靠在她身上陪著她的兩個女兒。但她也不顧那麼多了，急忙跑出去開門。打開門一看，只見小不點戰戰兢兢地站在大門口，身後是一位穿著制服的警察。

她拉住小不點急聲說道：「你跑去哪兒了？你小姑呢？」

驚嚇過度的小不點走過來抱住寶蘭的大腿說：「二、二嬸，下次再也不敢了，再也不走丟了。」

原來他們收到了杜局的電話，在某警局中找到了這個小不點的。走失之後，他自己找到了警察，說自己和姑姑走散了，但說不清楚家住在哪裡，警察只好將他放在警局，等家長們來找。

可是當寶蘭說到小姑也沒回家時，警察就奇怪了，小孩子不認識路說得過去，可是大人走丟了……？

「我去聯繫一下各區，看看有沒有你所說的那樣的女人走失了路的，要是找到了，我再給你們送回來。」他急匆匆地站起身說道。

正在這時，電話響了。

「喂？」就聽見杜鎮遠說，「聽說小不點找到了？」

「嗯，剛被警察送回家，但小姑卻仍沒有找到。」寶蘭的聲音有些不對，嗓子啞啞的還有著濃重的鼻音。

「達令，你是不是感冒了？」杜鎮遠在遠方關切地問。

「嗯，有些頭痛和喉嚨痛。」

「好了，這事你不要操心了。身體要緊，趕緊去看醫生吧。」

放下電話後，面容慘白的她，扶著牆就進屋躺下了。乃斯馬上吩咐李媽去找醫生。在這個家裡，小小年紀的她就像個小管家般，吩咐著事情。

一週的時間過去了，小姑還是沒有音訊。偌大個城市，有心藏起來的人，怎樣找得到呢？一家人心有餘而力不足。

小姑就這樣消失在杭州茫茫的人海之中。

浙贛鐵路

（1）

　　杭江鐵路通車後，列車駛入贛省的東側，引起了江西省的重視，提出欲將鐵路西延到南昌，故該省商請鐵道部及鄰省浙江，與各銀行財團合作，在1934年成立了浙贛鐵路聯合公司理事會，準備籌建玉山至南昌段鐵路，並將杭江鐵路改名為浙贛鐵路。浙贛鐵路理事會上決定派任杜鎮遠為浙贛鐵路局局長兼總工程師，侯家源任副局長兼副總工程師，謝文龍任副局長。

　　浙贛鐵路工程局的成立，就意味著又會有一個重大項目在等待著杜鎮遠。杜鎮遠的工作作風永遠是雷厲風行，他即刻將杭江線的技術骨幹抽掉到了新的項目中。

　　修築鐵路不單單是要靠技術，要和財政做鬥爭，和天災人禍做鬥爭，最麻煩的是對政治讓步。玉南段（玉山至南昌）的工程實在是不好修築，1934年2月，浙贛鐵路局組織玉萍踏勘隊，先行踏勘玉山至南昌段的路線。正當踏勘隊員準備實地勘測之際，突然接到了蔣介石的電令，鐵路線宜循信河北岸敷設。軍令如山，浙贛鐵路局只得放棄原定信河南岸線路，籌畫選測信河北岸線路。由於那裡屬於紅軍方志敏的贛東北蘇區，所以沒有人願意去實地勘測。杜鎮遠雖然知道這是被政治在干擾著，但鐵路還是

要修築的，偌大的一個國家怎能沒有鐵路網？他要抓緊時間多修幾條鐵路，為中國人謀福，而不想被任何政治絆住腳步。

他曾派了一支小小的隊伍，嘗試走一下路線，不用認真勘測。可是五人中只有一人回來，其他四人全部遇難。踏勘還是要進行的，明知危險也要去的，否則根本無法修築鐵路，杜鎮遠決定親自帶領小隊去勘測，可是沒什麼人願意同行。踏勘這項工作一個人是做不了的，最少也要有五六個人。

杜鎮遠在工程處找到幾個年輕人，說：「有沒有人願意和我一起去勘測？我保證你們能學到更多實際問題的解決方法。」

大學剛畢業的小趙羞澀地舉起了手，並說道：「杜工，我的水準很低，沒有任何實地勘測的經驗能參加嗎？」

杜鎮遠點了點頭，說：「好，那你怕不怕危險，除了天險還有人為的危險？」

小夥子迅速答道：「能在杜工的親自指導下，我想我會提高得很快。至於危險，我是有些怕，但我們只是踏勘的技術人員，不會打仗，也沒有槍。」

杜鎮遠說：「但我們不能太放鬆，不傷害他人，未必他人不會傷你。」

後來又有兩三個剛畢業的毫無經驗的年輕人報名，然而還是組不成一支小隊。

他只好向交通部報告：「沒人願意去實地勘測。在這種情況下，是否改回之前選定的路線？」

得到的回覆是：「你們再等幾天，我向上面通報。」

幾天後得到回音：「鐵路必須經信河北岸向前延伸，一切問題交由空軍協助。」

這真讓杜鎮遠啼笑皆非。無奈政治就是政治，其他的一切都要為其讓路。最後蔣介石動用了「高科技」手段，下令派飛機同鐵路局測量隊進行航空測量。

重逢

杜鎮遠休假回家時，警察局傳來了一個消息：他遍尋不著的妹妹因丟了孩子自責內疚，又不想再寄人籬下，於是自己決定出家了。

他和寶蘭商議著要去山上的尼姑庵尋找妹子，寶蘭也要一起。杜鎮遠不願意她勞累，因顧慮到寶蘭的腳是「解放腳」（指小時候剛裹腳不久，由於時代的變遷而放開不裹了，但腳面還是有些隆起，腳底沾地的面積比未裹腳的要小些，要不穩些），但他從寶蘭的眼中看見了堅決，也就由著她了。

車子開到山腳下，前面沒有路了，再往前就要自己爬山了。山路很是崎嶇陡峭，他溫柔地攙扶著妻子，在白花花的強光烈日下艱難地向上。山上的小路邊，花草繁茂，但這些芬芳鮮豔都無法吸引愛花的寶蘭，她累得幾乎都要喘不過氣來了，杜鎮遠心痛地建議她休息一下。寶蘭卻堅毅地搖著頭，咬著牙跟上。

山上很安靜，萬物彷彿全部寂聲，尼姑庵就靜臥在這輕霧籠

罩的幽靜山巒之間。

　　他們在這裡見到了妹子，但妹子經過了幾個月的沉浸，已經變很安靜，很超然。她很堅決地說，她已遠離紅塵，她的歸宿就在這裡。雖然她沒說出不願成為他們的負擔，但他們都心下明白。

　　看到妹子這樣堅決，他們商量了一下，還是留下了一句話：「不管將來發生了什麼，我們的家永遠都是你的家，我們不會給你壓力，隨時歡迎你回來。」妹子感激地點了點頭。

　　這時尼姑庵中傳來了陣陣誦經聲，那聲音從山中傳入了雲端。妹子站起了身，說：「哥，嫂子，我要進去了，你們回去吧。」她轉身返回尼姑庵。

　　他們靜默地望著那扇關上的大門。

　　不知什麼時候，刮來一股大風，杜鎮遠抬頭望了望天上，一片黑雲飄來，跟著大雨點就劈哩啪啦地下了起來。天邊泛起一道奪目彩虹，令他們有著別樣的心情。

（2）

　　回到工地，一椿椿的事情接踵而來。杜鎮遠又全心地投入了工作。

　　這條多災多難的鐵路常常被突如其來的天災人禍弄得人仰馬翻。杜鎮遠沉著以對，憑著經驗盡量將人為的事故率減到最低。但天災，無人能控制得了，他只能仰天長歎。

　　春夏交接的黃梅天令人厭煩，但修築鐵路的工人似乎已經習

慣了那潮濕到可以擰出水的被子。一天高強度的工作，令他們在收工時已經筋疲力盡，吃飽後倒頭大睡。由於鐵路局的工資比其他地方要高，工人們也早已打算好吃苦了，倒也沒什麼人抱怨。

只是沒料到小小的蚊子會在毫無防備的情況下給人們帶來一場災難。牠們在人群中迅速地傳播著瘧疾，這種病象是瘟疫般來勢兇猛。在午飯時，飯堂工作的小李在工作中突然發病，引起了一陣混亂。

病情趁著黑夜，詭異地如一襲黑紗，迅速籠罩了下來。

工程的進度嚴重受創。

杜鎮遠收到報告後，即刻組派出一支醫療隊伍，沿路巡查工地，醫療隊教工人們升起篝火，盡量將被子烤乾，然後在工人們所居住的工棚內噴灑藥物、清除污水。有幾處工棚建在較低窪的地方，安排他們重新選址，晚上工地的住宿區升起了一片藍藍的煙霧，這是以燃燒艾草驅趕蚊蟲。

之後的整個夏天，工人們都重複這件事情，終於克制了疾病的蔓延，但還是有很多人因此而喪生。

一次山洪爆發，處在貴溪的工地遭到無情摧毀，準備建築信江大橋防水工程材料和工具被沖毀過半。守護在工地的老貴叔抱緊了一根柱子才沒被洪水沖走，他見到工地一片狼藉，非常自責。當杜鎮遠指揮著抗災搶險時，老貴叔則站在了第一線，哪裡最危險，哪裡就有著他的身影。老貴叔在洪水中搶撈著那些被沖走的材料和工具，雖然能撈上來的只是杯水車薪，但他不顧一切

想著減少損失。老貴叔的作為，杜鎮遠看在心裡，他當即就宣布老貴叔為工地的榜樣，以求激勵同仁們的士氣。當杜鎮遠他們計算出的資料顯示，面對這樣的情況，必須在這裡加建橋樑，以保障今後的路線不會被洪水衝擊時，老貴叔才鬆了一口氣，他握著杜鎮遠的手說，要用自己的餘生為建築鐵路保護好所有的材料，對杜工的一勞永逸方案也讚口不絕。

　　杜鎮遠面對工地上頻發的狀況一連數月沒回家一次。工人們常常看到他親臨現場查看災情對工地的影響，並與同仁計算出損失，迅速批准測量商議改道的方案，及時安撫受傷人員和死亡人員，安排幹部馬上行動。在他手下工作過的人都說：「杜工的工作作風永遠都是果斷、坦蕩、直接，他的眼睛裡永遠不容沙子。」

　　這個夏季給工程的進度造成了很大的障礙，除了面對滑坡、洪澇、瘧疾之外還要面對人才的流失，有些高管工程師受不了條件的艱苦、物質的缺乏，打了退堂鼓。杜鎮遠說：「這樣的人將永遠不會被我再錄用，他們走了沒什麼，我是搞技術的，這些對我來講沒有什麼難度。」當然也有一些堅定的工程師跟著他，尤其是從康奈爾大學畢業的工程師全部留了下來，和杜鎮遠並肩戰鬥。杜鎮遠對他們非常珍惜和感激。

　　「報告杜工，收到江西公路處的電報：要和我們浙贛鐵路局共同協商修建梁家渡撫河公鐵兩用大橋。」郭副官站在那裡彙報，似乎在等著杜工的指示。他看到杜工露出了一絲微笑。他令

小郭展開地圖，郭副官不明白為什麼這個消息使杜工心情大好。他豈知道原本杜鎮遠就擬修建這座大橋，只是由於資金有限而不得不放棄。他立刻攜郭副官趕赴會議。在會上，他憑著熱情，憑著資料，在會上馬上就得到支持，得到了批准。

艱苦卓絕的付出，使玉南段主要技術標準，包括軌重、橋樑等級、車站股道有效長度等等都比杭江鐵路要提高很多。

（3）

在工作期間，杜鎮遠的身體一直超負荷運作著。1935年的一天，郭副官神色匆匆趕來報告，前方工地出現了坍方。

杜鎮遠忙問：「有傷亡嗎？」

「目前尚未知道，正在清理計算中。」

他馬上吩咐道：「叫上所有該工地的負責人趕往現場。」

他也即刻坐車趕往工地，而車還沒走多遠，就聽見「吱吱——吱」的剎車聲，郭副官臉色一沉，還沒等他跑過去，車子就急邊向一側翻去。只見杜局跌出了車子向一邊山坡滾了下去。山坡上的石頭隨著也劈劈啪啪地滾了下去。當他停下的時候，一塊大石頭無情地砸到了他的胸口。

寶蘭趕到醫院看到閉著眼睛休息的杜鎮遠時，一下子就被嚇哭了。

他醒來安慰妻子道：「不要緊張，我沒事。你看看，這不是還在和你說笑著嗎？別哭了，啊？要堅強！」

醫生說：「杜局很長一段時間身心俱疲，本來身體就不是很健康。這次石頭一砸，肺受了傷，最主要的醫療方案還是休息。」

但是，休息，對於杜鎮遠，談何容易！

杜鎮遠出院後，又一頭扎進了工作之中，發著高熱也不曾休息。有一次，他在開會時強撐著身體，沒想到竟在大家面前開始咳血，一時間把大家嚇得夠嗆，幾次勸他治療。

曾養甫（時任鐵道部次長）不想愛將有什麼不測，就強行將杜鎮遠送到北京香山一家療養院。

寶蘭匆匆地安排了一下家中的大小事物，放下手中的一切，趕赴北平陪伴著杜鎮遠。她在附近租了個房子，親自下廚為杜鎮遠烹煮著各種對症的食物，天天不重樣地送去。肺病在那個時期，沒有什麼特效藥，就是靠曬太陽和休息，醫生吩咐下來連報紙都不能看。這段時間他在那裡悶得發慌。經寶蘭低聲相勸，才使他慢慢地平靜下來。他每天盼望寶蘭過來給他唸報紙，分享新聞。他看著這個比自己小十七歲的妻子，心中有著感激，有著歉意，有著說不出來的愛。療養院院長知道這事後，馬上吩咐工作人員撥出一幢小樓給這對夫婦住，寶蘭才結束了每天奔波的狀況。

有了這段時間的治療、休息和調整，加上杜鎮遠的身體底子好，他終於澈底痊癒。他後來說到這段歷史時，總是笑著說：「要不是寶蘭，恐怕我早已被上帝寵召而去了。」

1936年1月9日，玉山至南昌段的鐵路僅僅在一年半時間內就

完工通車了，在竣工大會上，他向員工演講時說道：「這條鐵路打開了浙贛兩省關山隔阻，使當地人們生活大有改善，鹽、米、礦產以及特產都得以在全國市場上行銷。我們是不是要再接再厲，繼續為國家建設更多的鐵路，使各省各地都暢通無阻，你們說對不對？」

「對！對！對！」員工們齊聲喊道。

「我在此向為建設這條鐵路因病因事故死亡或傷殘的上千名員工致上我深切的慰問及感謝！向諸位堅守自己崗位的各位同仁致以深刻的感謝！向不畏艱苦奮戰在第一線的同仁們致謝！」

「今天是浙贛民眾接觸的開始，我們要讓各省各地的的民眾因為鐵路的暢通而相接相識……最後希望社會各界人士繼續扶助新型的交通事業。謝謝大家。」

在工作中杜鎮遠常常選用一些新人，他的標準一是好學，不恥下問；二是有創意思維，不按照書中的條條框框，敢於去用新的方法解決問題；三是大膽不畏的工作精神，比如在工作上和他進行爭論的人。他在工作中發現了人才，能夠及時培養。

有一次，一個見習工程師發現承包商對一條臨時的路段枕木垛施工馬虎，造成軌面不平，認為若是通車的話會有出軌的危險。他要承包商返工修整，但承包商不願意，還直接向杜鎮遠告狀。杜鎮遠因為工期緊，任務重，又考慮到只是臨時路段，就批示不必返工。但那位見習工程師卻當眾頂撞：「既然叫我負責，我就要認真負責，不然你可以把我調走。」那個見習工程師覺得

仕途可能從此走到了盡頭，可是事後杜鎮遠還是要求承包商返工做好那段路。後來他又提拔了這位見習工程師，還舉薦他去美國學習，增廣見識，並叮囑學成後一定要為國家效勞。這位工程師對杜的為人欽佩不已：「杜工英明正派，胸懷寬廣，待人以德，跟在他身邊學習到了他的廉明、他的坦蕩、他的直率、他的嚴謹。」

南昌段通車後，浙贛鐵路還繼續在江西境內一米一米地向西挺進，樟樹贛江大橋，是這工程中最為艱巨的一段。從選址到施工，工人和技術人員晝夜加趕，沒有大型的機械設備就採用浮運架樑新的施工方法。大家群策群力，團結一心，終於如期完成。

（4）

1937年8月，他的四女兒降生了。他仔細端詳著這個粉雕玉琢的嬰兒，喜滋滋地說：「寶蘭，你瞧瞧這個女兒是不是很像我？她是幾個孩子之中最像我的了，你看那眼睛，那鼻子，她是最像我的孩子了。」寶蘭看著驕傲又得意的他，雖疲憊但心中一片欣慰。

1937年9月，鐵路修築到了平鄉玉江西，將原有的萍（鄉）株（州）線接軌成功。這條清政府為運輸萍鄉煤炭而開始修建的萍鄉至株洲段鐵路於1905年築成，原屬粵漢鐵路，此時鐵道部令其劃歸浙贛鐵路局管轄。

錢塘江大橋亦在此時落成，從浙江杭州開出的列車在跨過

錢塘江後，可以一路向西行駛經金華、玉山、南昌……列車經過一千零八公里的行程，到達粵漢鐵路的樞紐株洲。

這時，日本全面侵華戰爭爆發。

「可惡的日本！可惡的戰爭！這將會對修築鐵路造成巨大的阻力！」杜鎮遠抱著他那剛出生不久的四女兒說。

他和寶蘭說：「我要給女兒起一個英文名字，叫她維多利亞。」

寶蘭咀嚼著這個名字，維多利亞，這是「勝利」的意思，那是杜鎮遠希望這場戰爭盡快勝利，趕走侵略者，還我河山的平靜。

浙贛鐵路全線通車的時候，戰爭已經爆發了兩個多月了。當長江水道受戰事影響不通暢時，浙贛鐵路便成為江南地區唯一一條溝通東西的國防動脈，連續五年之久。

　　雖然數次被重複炸斷，搶修，這條年輕的浙贛鐵路仍為抗戰仍然堅持了數年之久，做出了極大的貢獻。

　　杭州淪陷之後，軍人們聽從命令將從錢塘江邊至諸暨間的六十四公里鐵路悉數破壞。這些凝聚著技術人員和工人汗水的鐵路，就這樣被肢解了。而人們還沒有心情去悼念，戰火就逼得越來越近了。

　　1939年3月底，日軍侵占了南昌，國民政府指示很明確：在這種時刻，鐵路只能為我方所用，絕不能落入敵人手中。這時，浙贛鐵路只剩下了兩段互補相連的鐵路了，東段是從浙江的諸暨至江西鄧家埠四百三十八公里，西段江西樟樹至湖南株洲二百八十二公里。不久，西段又被拆毀，軌料被運往柳州，供修建黔桂鐵路之用。

浙贛會戰期間，日軍拆除大量鋼軌運回本國

　　雖然為了不資敵，鐵路工人在指令下對機車、客貨車、機廠等均進行了破壞。而日軍除了占領鐵路沿線的軍用機場，也對未及破壞的鐵路大肆破壞。曾有目擊者看到，侵占鷹潭的日軍曾把路軌全部拆下來運往九江，他們還拆除了金華、諸暨等站及沿線的鋼軌，運向東北，再從那裡運往日本。

湘桂鐵路

這條鐵路從湖南衡陽起至廣西桂林，是1938年應抗戰的需要修建和修復的。

杜鎮遠接到了新的任命：湘桂鐵路局局長兼總工程師。命令是在戰火隆隆的情況下匆匆下達的。

又是一個新的挑戰！命令狀說得很明白：戰時情況特殊，這條鐵路要保障後方物資流通暢通。

杜鎮遠風風火火地趕赴長沙，並將家眷也帶上了。他知道國家正處危難之時，急需這條鐵路，時間是重中之重！他沒有休息，就即刻安排會議，聽取當地的同仁們彙報資金及資源的情況，擬定修建方案。

杜鎮遠馬不停蹄，又開始徹夜不眠地趕工，寶蘭看在眼裡心痛萬分。常常在深夜，她會遞上一杯熱水和點心，然後又悄悄地離去，不去干擾他的工作。杜鎮遠雖然沒抬頭望向妻子，但他的心暖暖的。「寶蘭，等趕走日本侵略者，我們的生活會穩定的。」他心裡默唸著。

他的方案促成了鐵道部與湘、桂二省合作。省政府供給枕木、電桿、路線內所需之用地，以及工程所需的民工，鐵路路線內的勞工費、料款及各項開支則分派到各地方負擔。這種化整為零、因地制宜的明智之舉非常有效地避免了資源匱乏對修築鐵路

的約束。

　　這種只有實幹家才能擬出的省錢省力的方案，讓鐵道部對他刮目相看。

　　為了節省人力和物力資源，他又煞費苦心地左右衡量著報上來的各種技術資料和報告，還親自挑選一個小隊隨他一起勘測路線。這是件艱苦的事情，不但要爬山涉水，在野外紮營，吃的罐頭，還要承受蚊蟲蛇蟻的攻擊，有時為了一個位置要站在水中數小時。一組人馬中幾乎都是年輕人，只有他一個年屆不惑。

　　一天夜色來臨，別人都已經休息了，只有他的帳篷內油燈亮著。他盤算著是不是可以選走祁東、東安路線，這樣可以避免修建兩座湘江大橋，節省不少的經費。正在這時，外面傳來雜沓的腳步聲，他警覺地抬起眼睛。

　　說時遲那時快，黑夜裡的不速之客把他們一行人全部綁了起來，為首者皮膚黝黑：「不要反抗，否則……嘿嘿。我們只是來『借』些吃的用的。」很快那群人拿走了他們所有的衣物和食品，丟下了昂貴的勘測用具，迅速地離去了。

　　待那些人走遠了，杜鎮遠立刻叫人看看還有多少食物，因為若是沒有食物那麼他們要盡快收拾手中的器械回去。因為在這深山老林中沒有地方可以買到食品。他們又沒有打獵的經驗。雖然勘測還需要兩天才能結束，但他果斷地決定：「回城！」

　　飢餓難當的他們搖搖擺擺地退出了山林。

　　他知道湖南山中土匪多，且猖獗。他盤算著下次勘測要帶上

幾隻狼狗，牠們靈敏的聽覺和嗅覺或許可以給勘探人員提個醒。

　　杜鎮遠沒有時間去細想那天的危險。終於計畫書交了上去，很快鐵路修築工程開始了。這是一條要和時間競賽的鐵路，他們組織了數十萬工人冒著日本侵略者的飛機轟炸開始修建，杜鎮遠不畏惡劣的環境常常親臨工地指揮，他們僅僅花了秋冬兩季的時間就完成路基。

　　這次施工杜鎮遠仍然沿用了「分段施工」的理念，他將全線分為十個工段，將局內所有的工程技術人員下派到各個工段指導施工，確保工程順利進行。

　　湘桂鐵路一共徵集民工二十五萬餘人，一個冬季就基本完成了全部土石方工程。這條鐵路每天築路一公里的速度創造了歷史紀錄。

　　炮火不知什麼時候就會悄然而至，民工和技術人員在這種情況下，日夜奮戰修築好了這條鐵路，1938年9月湘桂鐵路全線通車，總共修築時間不到一年。「中央與地方合資」、「技術人員與築路工人結合」的修築方案成為了中外借鑑的範例。

　　這時，抗戰形勢越來越緊迫，民國政府要將所有軍工器材及難民、物資，經湘桂線向西南大後方撤離，因此這條鐵路發揮了巨大的作用，足以名垂青史。

　　南京政府注意到了這個鐵路行業的發光體，杜鎮遠的組織能力得到充分的肯定，他的領導能力和以身作則的作風都得到了讚揚，在當時的腐敗官員比比皆是的環境下，他像是一股清流。他

們擬提拔杜鎮遠擔任更高階的職位。沒想到的是,杜鎮遠不假思索地一口回絕;「我是技術人員,我不在鐵路的第一線就等於埋沒了我的才能。」是呀,他為鐵路而生,為鐵路而死!

南京政府屢次派人說服、敦請,他都不為所動。知情者都對杜工深為讚許,並傳為佳話。

不久,杜鎮遠圓滿地完成修築工作,就辭去了湘桂鐵路局局長的職務,回到了浙贛鐵路的工作。

下部

滇緬鐵路血淚情

引子

　　這是一條被人們遺忘的

　　為抗戰而生、因抗日而亡的鐵路

　　一段在人們視野中消逝的歷史

　　一位在戰時對工作不離不棄的鐵路先驅

　　2014年我隨著新西蘭華文作作家協會的同伴們一起赴雲南採風，沿著當年雲南抗戰的路線，緬懷當年的抗戰歷程。雲南省僑務辦公室幫我們安排行程，告訴我們，這是他們第一次接待有這樣要求的海外僑胞團。當時的團員們有的想寫一些關於「遠征軍」的故事，有的想瞭解一些少數民族在抗戰中的故事。

　　至於我，一直有一個心結，我想去尋找那條已經在世人眼中消失了的鐵路……滇緬鐵路。我不停地詢問所遇見的雲南人，僑辦工作人員只知道「滇緬公路」，居然連僑辦文教部內都沒有人知道「滇緬鐵路」。我有些失望，因為我從小就知道，曾經有成千上萬的人因為搶修這條鐵路而傷亡，也是因為那裡凝結著我外祖父的血和汗、榮與辱。而這段悲壯的歷史怎麼會沒人知道？帶著一肚子的疑問，我隨著大家踏上了滇緬抗戰遺址的旅途。在沿

路的參觀中，我一點一點地找到了這條遺失鐵路的影子。

「滇緬鐵路」的殘骸依然存在，記得每當姥爺提起時，眼睛都會發光，發光之後卻是黯淡。這條曾為抗戰立下汗馬功勞，凝結著多少人的血和汗，讓多少專家傾力付出所修築的鐵路——「滇緬鐵路」，最後因為被迫炸毀，漸漸地在人們視野中消失了，慢慢地被人遺忘了。作為繼承這段記憶的第三代人，我不敢說我的下一代還會不會對那段沉重歷史產生類似的感情。

歷史總會留下它特有的音符，讓追尋它的人們追尋著音符就能發現那些埋藏深處的故事。外祖父的事蹟，教導我努力、付出的意義。我腦海中常常閃出他曾說的話：「只要你努力，成功就在不遠之處等待著你。」

雖然如今的中華大地已經遍及高速鐵路，鐵路網之大、班次之多已成為世界之冠。但中華鐵路的歷史人物，不能也不會被世人遺忘，沒有他們的奠基就沒有今天的成就。他們的業績永遠會被鐵路人記得，他們的靈魂也永遠會守護著中華大地的鐵路事業。

一、新任命

「鈴……鈴鈴……」在浙贛鐵路的辦公室內，杜鎮遠辦公桌上的深棕紅色電話突然間響了起來。這是交通部與他的專線電話，只有上級在下達重要信息時才用的專屬電話。

「喂？」他用他那低沉渾厚、略帶湖北腔的聲音應答著。

「建勳嗎？我是曾養甫，日軍近日已經占領了東北、華北，

且對我國的華東沿海虎視眈眈。中央決定，由我部盡快修築『滇緬鐵路』，完成與東南亞的交通對接，以保證我軍武器裝備的運輸。我部即將成立『滇緬鐵路局』。你將調任『滇緬鐵路』任職局長，調令不日下達。」

不待杜鎮遠多問，對方已將電話放下了。

昆明？緬甸？那個多山的西南地區嗎？

杜鎮遠馬上找來了全國地圖，仔細地查看著那一片山連著山的西南地區，似乎看到了那叢山峻嶺中繚繞的煙霧，似乎聽到了翠鳥的啼鳴。那是一個很少有人涉足的地方，一片像謎一樣的地區。他當然清楚為什麼國家這麼迫切地需要這條鐵路，戰爭的炮火總是在耳邊震響，他恨日寇毀了他之前所修築的多條鐵路，正想修築更多的鐵路為抗戰所需、所用，現在機會來了，他一定要將這條鐵路盡快地修築好，為國家連接好邊境交通線，保證軍援物資的進口運輸順暢。

他對沒有交通命脈的地區有著特殊的感情，雲南的條件使他想到了自己的故鄉，他理解當地人的渴望。但這又是一個未知的戰役，是一個在他掌握之外的戰役，這場戰役有著變數。那天他失眠了，眼前不是高山擋路，就是河水擋道，還有日本人的猙獰的臉。

在修築滇緬鐵路之前，杜鎮遠剛完成修築中國第一條自主籌資、自主設計、自主建造的鐵路：浙贛鐵路，浙贛鐵路在抗戰中不僅承擔了大量的客運、貨運，還開出軍用專列一千七百餘次，

有力地支援了上海、南京方面的作戰。接著他又被任命修築湘桂鐵路，僅用了一年時間就完工，創造了當時中國鐵路史上的最新紀錄，中外鐵道專家為之傾服。雖然鐵道工作者煞費苦心，奮力修築著鐵路，但倭寇侵華，國軍在東南沿海節節敗退，使凝聚了杜振遠和二十多萬築路員工的心血的浙贛鐵路在運行一年多時間後慘遭炸毀。他恨日寇在我中華土地上肆虐，若要盡快驅逐敵人，就必須投入到新建抗戰鐵路工程中。

他這時正在長沙為新修築的「湘桂鐵路」準備完工報告，對於這次的臨危受命，使這個作風嚴謹的實幹家從對「浙贛鐵路」的哀傷中找到了新的希望：為了鞏固西南後方，為了西南山區的百姓，為了他日重返中原。

他吩咐他的副官立即安排行程，穿越贛、粵、桂、黔、滇五個省，車行五千多里趕到昆明。

那是一個天氣炎熱的五月天，昆明的天氣悶得讓人喘不上氣來，然而杜鎮遠心中卻像著了火似的。他知道英國人曾為這條鐵路勘測過，所以他奔波在海拔九百多米的城市裡尋找著當時英國人曾經勘測的圖紙。如果可以找到這些資料，他就可以馬上進行分析和覆核，比從零開始節省很多的時間。

他在昆明將軍府見到了龍雲將軍。

龍雲將軍說：「我們雲南是祖國的西南後方，這裡有西南聯大，這些學生們都是來自全國各地的精英學生，優秀學生，他們是一群熱血青年，可以隨時號召他們上修築戰場。我們有眾多

儉樸的少數民族，他們將是修築鐵路的主力勞工。你所需要的人力、物力，儘管告訴我，我會全力配合。」

聽到雲南王毫無保留的話，使杜鎮遠更加激情滿腔。

他告訴龍雲將軍：「我會盡全力修築這條鐵路，前方在流血，我們後方流汗是應該的。」

在龍雲將軍的協助下，他去了一趟祿豐，探究大山裡的情況；山中多雨又多霧，他不得不徒步進行觀測。這次行程使他開始憧憬這個偉大的工程，也意識到這工程也將是困難重重。

初步考察完，他趕回了長沙的家，告訴寶蘭：他將調任至雲南，希望家也搬去雲南，因為這個工程將是一個為時數年的大工程。寶蘭這些年跟著杜鎮遠全國各地東挪西遷，剛布置好一個家，又要離開了。她無奈又體恤地點了點頭。杜鎮遠十分感激寶蘭的溫柔體貼，能有這樣一位懂得體諒的妻子他覺得是幾輩子才修來的福。

接下來的日子寶蘭也開始忙碌了起來。

杜鎮遠則又急忙趕到了他在貴陽的辦公室，開始了下一步的工作。他一邊吩咐祕書處盡快發電報通知一批有修築鐵路經驗的資深工程師，將修築滇緬鐵路的消息告訴他們，並要求絕對保密，以防被日軍所用，讓他們自己做決定是否能為多難的國家做些力所能及的事；一邊又發電通知追隨他多年的留美、英、德的工程技術人員召開緊急會議。他有讓祕書去清華、復旦、交大、西南聯大等著名學府招聘土木工程系的應屆畢業生。

　　會議定在長沙召開，留美的老同學蔣工來了，從他的臉上看不到一絲緊張的情緒，但從緊緊地握著那個紀錄本就可以知道他對這次會議的重視。老蔣是中國地質及稀有金屬分析數一數二的專家。家在華北的留英工程師老薛也抵達了長沙，除了工程專業外，他還精通幾國語言，尤其對動植物有著獨特的辨認功夫。平時他總是帶著愉快的表情，可是這次卻是眉頭緊鎖。沈工從敵占區徐州費盡了千辛萬苦趕到，他帶來了對敵寇的憤恨，對政局的失望。陸陸續續來了很多的曾留學外國工程人員、同僚，他們戰時在異地聚集到了一起。

　　使杜鎮遠沒有想到的是，交通部副部長曾養甫也得到了消息趕來參加這次會議。

　　杜鎮遠首先介紹了這條仍未修築的鐵路歷史：「這條鐵路是英國於1830年左右首次提出需要修築的，在1907年英國人又重提方案，第三次是在辛亥革命後，孫中山先生提出『實業計畫』，其中有建設中國西南鐵路系統。雖然都提上了議事日程，可是雲南的地形，山連著山，層盤交錯，九里十八彎，又峻又險。一個世紀以來都因為種種原因，只是在計畫中反覆提及而未能實施興建。」

　　他遺憾地介紹著：「這次本來部裡的原意是先修鐵路再修公路，可是大家都知道鐵路運作資金多，技術含量遠比公路大很多，時間也要多很多，所以棄鐵路先修公路。雲南在沒有滇緬公路之前，路況很差，艱苦閉塞，民眾的基本生活用品是靠馬幫運

輸，費時又費力。現在滇緬公路不勝負荷，滇緬鐵路的修築勢在必行。」

　　他微微低下了頭，繼續說道：「國難當頭，匹夫有責！這個道理在座的每個人都很清楚，我就不多說了。現在我們知識份子在國難的緊急關頭如果不能拿起槍上戰場，那就做好力所能及的工作。國家有需要修築滇緬鐵路，那裡雖是窮山僻壤，惡山惡水，但我們可以像戰士一樣，去克服困難，去完成任務。」

　　杜鎮遠在會上慷慨激昂地動員著大家來參與修築。

　　杜鎮遠接著說：「我們要集思廣益，彙總大家的智慧。我現再報告一個數字：目前華北、華東、華中、華南總長一萬一千五百餘公里的鐵路，淪入敵手的已達九千一百多公里，殘剩的二千多公里在日寇的攻擊下，也是朝夕不保，在這種環境下，我們要用專長去建築抗戰所需要的鐵路，我們要以這種形式參戰。本人作為『滇緬鐵路』的總指揮，歡迎各位在座的專家來我局參加修築工作。」

　　曾養甫隨後也發言道：「西南區域是我國的大後方，自總統府遷到重慶之後，那裡越來越重要，與緬甸的碼頭接軌就能使我軍的軍用物資源源不斷地運進內地。因此，這段鐵路的戰略意義極其重大。另外，那裡是連綿的大山區，易守難攻，是阻擊敵人的天然好戰場！還有那裡蘊藏著極其豐富的稀有金屬，如果有了火車就可以運送出來，這將是一條不尋常的鐵路，是戰爭的生命線，也是抗戰的最前方。」

他沉默了片刻，又繼續說：「目前日軍的主戰場還在華東和華南，但我們要有危機意識，我們要防患於未然。」

會議上人人暢所欲言，討論熱烈，無拘無束。杜鎮遠冷靜又認真地傾聽著。有一位來自天津的女士引起了他的注意，頭頭是道地分析了西南地區的地形特徵，顯然做了一番功課，又率先表態她要參加這次的修築，為抗戰貢獻自己的綿薄之力。杜鎮遠聽著倍感親切的天津口音，想到了自己的妻子說話的模樣。

接著蔣工、薛工和沈工都相繼表了態，在他們的帶領下，幾乎到會的大多數都願意追隨杜局前往「滇緬鐵路局」。有了這些專家的加盟，曾養甫和杜鎮遠非常振奮，等籌集到足夠的資金，「滇緬鐵路」就可以正式施工了。

他們馬上任命各處處長等重要人選，正式搭建好了領導層班子。

杜鎮遠明白，技術處的人選他可以全權任命，人事處、培訓處、後勤處等大家可以商量著安排。但是，因為這條鐵路是抗戰的命脈，為防止敵寇的破壞，政府方面早有安排，這警備處幾乎是清一色的軍統管制。

至於他本人以及總部工作的人員，則不可自由行動。事關這條跨境鐵路的機密性，事關抗戰的需要，他們都簽下了保密協議。

二、籌備

1938年春夏交接的時節，雲南王龍雲特批了一座兩層小樓給

滇緬鐵路工程局在昆明市中心辦公，可是杜鎮遠卻堅持說：「一張圖紙來回耗在路途中的時間，就造成時間的浪費。還是去工程第一線設立指揮部方便一些。」

於是他們決定將指揮部設在祥雲縣的祿豐鎮，自己籌蓋辦公室和宿舍、食堂和醫務所等等相應的設施。

滇緬鐵路開始正式招聘人才和民工，畢業生們唱著畢業歌一批又一批地前來參加報名報到。「同學們大家起來，擔負起天下興亡⋯⋯」工地指揮部的高音喇叭裡一遍又一遍地播送著這首歌。他們的到來給這窮山僻壤的山區帶來了活力。這些學生熱情有餘而經驗不足，總要有人去培訓他們。於是蕭素，第一位要求前來參加滇緬鐵路修築的女士，被杜鎮遠派去擔任這些畢業生的導師。

她開始系統地教授這些剛畢業的大學生，並將杜鎮遠提出的八字方針在簡陋的教室門口拉起了橫標：「先求其通，後求其備。」每次看見杜鎮遠時，她都會尊重地叫一聲「杜工」，一聲柔柔的問候使杜鎮遠有著特別親切的感覺。

當時招工的工作如火如荼，因為雲南很多年以來都是由軍人執政，各個部門也習慣了軍中無戲言的令行禁止狀。

一天，「邦！」一聲巨響，驚飛了林子中上百隻小鳥，只見一個巫師打扮的人穿著用布條做成的衣服，頭上、手腕上纏著一圈又一圈彩色裝飾品，從林中猛衝到鐵路工程局基地前面的空地上。

這個跳大神的人眼白往上翻，搖頭晃腦，又跳又跑，又喊又

叫，說著沒人聽得懂的話，唱著單一音調的歌。一群大學畢業生跑了出來，好奇地圍觀著。

「外面為何如此吵鬧？」從杜鎮遠辦公室中傳出一聲低沉的聲音。

「報告杜工，」祕書小魯馬上說，「基地外面來了個巫師在搞事。」

杜工說：「馬上通知鐵路警備處，交由他們處理。」

「是。」小魯邊說邊跑了出去。

當外面終於安靜了下來，杜工打開窗子，看著外面的人們似乎仍在交頭接耳地說些什麼。他將小魯喚進辦公室，低聲吩咐了幾句。機靈的小魯馬上點著頭就往外跑，與薛工正撞了個滿懷。

「哎呦，哎呦，你把我這把老骨頭撞散啦，看著點唉。」

小魯將薛工扶穩後，一連串道著歉。

「你有急事，這次我放你一馬，下不為例啊。」好脾氣的薛工呵呵笑著。

「對不起，對不起，薛工。下不為例，下不為例。」說著小魯做了一個怪臉就跑走了。

小魯回到基地門口，對那個正在跳大神的人說：「請你走開，不得妨害公務，不然我們就要採取行動了。」

然而，對方沒有反應，仍舊瘋瘋癲癲。

小魯一揮手，兩個訓練有素的軍人即刻上前按住了這個人，小魯問道：「老實說，是什麼人派你來這樣做的？」

「媽媽呀，奶奶呀，是我自己算到這裡有妖魔耍的，所以要驅魔。」

小魯說：「好，你既然不說實話，那就別怪我不客氣了。」

小魯一揮手，兩名護士拿著針管就要給他打針。他一看急忙招供：原來是某個鄉紳，因為不滿修鐵路要徵他們家墳場的地，所以請他來嚇一嚇修路者的。

「好的，我們知道了，關於徵土地的糾紛和我們工程局沒有關係，是你們當地的頭人和將軍決定的，你找錯了衙門！回去把我的話告訴那位鄉紳。」小魯嚴肅地說道。

「可是蠱咒已下，你們近幾日都不會安寧的。」跳大神的巫師氣呼呼地說。「要不你們付我錢，我來解咒？」

眾人一聽，哄笑著散去了。

可接下來幾天的日子如同真的被詛咒了般，基地內所有人都開始上吐下瀉，就連醫務所的醫生也難逃噩夢。細心的護士長劉文娟發現，每個人的嘔吐物都好像坑渠的臭味，說明食物在肚子裡發酵了，才吐出來的。這是一種食物中毒的表現。要先控制局面，找出根源才能澈底解決這次中毒事件。她和幾個醫務所的同僚進行了分工，由於她會些中藥知識於是分工她去採些草藥輔助穩定病情，並負責找出發病的根源。其他醫務人員則全力以赴地治病救人。

這次的中毒事件，像龍捲風一般，讓整個工程局幾乎各個部門都不能正常運作。就連總指揮杜鎮遠和幾位高層幹部也都中了

招，臥病不起，眼看很多的工作就這麼積壓了下來，他心裡焦急萬分。

　　蕭素這時雖然也開始了輕微的嘔吐，她見杜工心急工作，於是和醫務所的一個護士一起輪班護理杜工。她看到杜工在病床上還在研究地質結構和地理勘測的報告，先是勸他休息，後來發現根本勸不住於是就幫他。由於她英文很好，於是幫著杜鎮遠做了大量的文書工作。

　　護士長劉文娟發現大家的伙食來自不同的食堂，都不相同，為什麼所有的人都病了？食物一起壞掉或者一起被人下毒的可能性極小，她來自四川的大山裡，父輩是位遠近有名的郎中，她的中草藥的知識也很豐富。雖然自己也病了，但病狀還算比較輕，於是她拖著虛弱的身體和兩個同鄉進山，採集草藥，準備配合醫務所中的藥品一起為大家治療。當時工程處中有規定不允許單獨進山，於是他們找到了警備處，經過批准並派了一位警備員隨同他們，這一行四個人就進了大山。

　　山裡的草藥俯拾皆是，他們摘採了半天工夫，所有的簍筐都滿了。在回程的路上，走在最後的黃宗利警備員突然被什麼東西咬到，大家圍過去一看，不是蛇，不是蟒，居然是一隻近兩米長的多腳蜈蚣。劉文娟知道蜈蚣有毒，立即撕下一塊長布，綁在黃宗利的小腿上方，先阻止毒液漫布全身，然後取出剪樹枝的大剪刀一下子剪死牠，三下五除二就將蜈蚣的口從黃警備員的腳上拔了下來。這時他已經開始精神恍惚了。劉文娟急忙開始擠毒液。

「你們最好先去陽光下面。」

大家回頭一看，一位揹著藥籃的漢子不知什麼時候站在了不遠處。

他拿出一個小瓶，用不大流利的漢語說著：「妹子，這個，黑彝族對蜈蚣毒的藥，快給他用上。」

黑彝人見眾人有些遲疑，於是說：「我們先去陽光照得到的平地上比較安全。」

原來，沒有人注意到危險正在逼近，不知從哪裡突然爬出來一群又一群的小蜈蚣，爭先恐後地爬向這群人，牠們沿著石頭和草根圍過來。大家連忙起身，將黃警備員移到光亮處，蜈蚣群爬到這群人所在的那塊陽光地之前就停住了。太陽漸漸失去了暖意，光亮也在慢慢地褪去。蜈蚣因為怕光，所以藏身在草叢深處，一旦天色黑下來，會形成很大的威脅。

黑彝族男子從口袋裡摸出了什麼東西，然後一聲又尖又響的口哨隨之劃破山林迎風而上，嚇得整個山林中的鳥兒們都紛紛飛起。約莫一袋煙的工夫，附近傳來了人們的腳步聲。族人們見到被蜈蚣所困的人，就丟過來了好多火把。人們一起用火把燒著外圍的草，就這樣一群群的蜈蚣不是逃走就是被燒死了。

黑彝族男子告訴大家，這是座蛇蟲山，每年很多誤入此山的人被蛇蟲咬死。所以，一般大家都不進這片山林。可是劉文娟卻告訴他們這裡的草藥非常豐富，是很好的資源。

他笑道：「我們多少輩人都想把這些資源送出山，可是沒有

鐵路，沒有公路，就只能自己用一些罷了。」

文娟說：「我們就是來修建鐵路的，等鐵路開通了，你們就可以帶著這些資源出山了。」

那男子回頭對族人說了一句什麼，大家沒聽懂，幾個黑彝族大漢將小黃抬起送往工程局醫務所。

下山途中，劉文娟與那個會講漢語的黑彝族人邊走邊聊著，她告訴他為什麼他們來這裡採草藥，也說了關於工程局發生的怪病。

男子略一思索，問：「你們有沒有檢查水源？」

劉文娟說：「沒有！你懷疑水有問題？」

「走，我們去看看水源。」

他和劉文娟一起往工程局取水的山泉走去。

「你來聞聞！」他順手接了些水在鼻下聞了聞，說道。

劉文娟聞了聞之後說：「腥腥的，有點臭。能判斷得出是什麼嗎？」

「這很難說……你知道這山泉的頭是在哪裡流過來的嗎？」黑彝族人又問。

「這，你等等，我去問問別人。」

劉文娟說著就跑走了，一會兒就拉來一個小夥子，那小夥子就是負責拉車送水給各食堂的。

「這山泉是從哪裡引流過來的？」劉文娟問道。

「這裡不是山泉的出口嗎？」他用手撓著頭反問道。

　　黑彝族人說：「這是從另一個地方引流過來的山泉，我們要找到它的第一源頭。」

　　於是兩個男人帶上了繩子準備沿著陡峭的山坡攀崖上去找，讓劉文娟留下來觀看水流的變化。

　　天色已經完全地暗了下來，他們硬是爬到了陡壁上面，終於發現了一個山泉的出水口。那裡有一條已經腐爛的大蟒蛇盤踞在那裡。眼尖的黑彝族人看到那蟒蛇其實不是死於自然，因為蟒蛇的頭骨是扁的，這顯然是被人先殺死，然後再放進這水源處。

　　「該死的巫師，一定是那巫師所為！」送水小夥氣憤地說道。

　　他跑回基地告訴了警備處的人，大家看到蟒蛇後都恍然大悟。他們將雜草清除後，找了一塊四五個大漢才能抬得動的大石頭把這山泉口封死，又找了一處新的水源，找了些長竹竿劈成兩半再接起來，做了一個新的引水渠。之後警備處常常到這裡巡邏，保護這水源。原來在修築滇緬公路時，日本特務就利用雲南少數民族對蠱咒的恐懼，搞出了一系列的事件，這次這些鄉紳也利用這個，想搞亂修築滇緬鐵路的陣腳，使這條鐵路無法施工。

　　在藥物和新水源的幫助下，人們漸漸康復。

　　在隨後的會議上，各處都詳細地彙報了這第一階段的工作情況，警備處處長也告訴大家：「在修滇緬公路時，日寇的破壞無處不在。這次我們不僅要對付敵寇，還要對付山高水險的自然環境，在深山中要對付瘴氣和野獸，對付疾病。雖然我們在修築滇緬公路方面取得了很多的經驗，但畢竟鐵路是要延伸到山林的最

深處，要做的防範很多，每一個人都要有足夠的警惕性。我建議每日早飯後，由我們警備處教大家一些遇到野獸怎樣處理，遇到敵人時怎樣開槍，以及怎樣格鬥，這些最基本的訓練。」

接著醫務處處長說：「最基本的包紮術我認為大家都要普及一下，還有預防針和藥我會及時發放，最重要的就是要靠那些修築過滇緬公路的老民工去教導那些少數民族去服用，因為那些人的人生觀是天生天養，拒絕服用任何藥的。有些傳染病是預防勝於治療，因為一旦惹上就會傳染更多的人，用更多的藥，藥品要是跟不上的結果就是面臨死亡。」

後勤處處長也發言：「我認為能進入各段、各處炊事房的人，要嚴格控制，因為這次的水源不潔引發的疾病是我們要引以為戒的。嚴格控制食物、器材及保持人員不怎麼流動。而民工的食量最好由他們自行攜帶，這樣化整為零的戰術比較安全。」

培訓處處長蕭素也做了發言：「大學生們在培訓後，最初的那些學生現在都可以獨當一面了。我認為從測量到施工，他們雖是新手，但熱情很高，只要有一些有經驗的技術員檢查他們的工作，他們是一支可以勝任最前線工作的技術主力軍。以後不斷有新的大學畢業生來參加修築這條鐵路，不斷有民工需要進修，所以培訓工作可謂是必不可少的一環。」

技術處的工作最多，在現階段就是抓緊時間開始測量工作。杜鎮遠不放心在測量時會出現問題，他當場宣布：「測量組由我親自負責，全由最有經驗的工程師組成，並帶上那些年輕人，讓

他們學到我們在測量上的謹慎，如果出現一釐米的誤差，就會造成隧道相接時有一米的差別，這項工作不能有絲毫的誤差。我現在宣布測量組名單……若有不同意見的請在會後找我商議，我希望下週一出發，開始正式測量工作。」

工程處處長說：「徵收土地還算順利，只是有幾家難纏的鄉紳。有一家鄉紳說鐵路會影響他家的祖墳，所以就不肯被我們徵用，我們正在和他們部落的頭領商議中，但這個人卻請來了巫師下蠱咒，令下面的工作人員極度反感。那個在基地門前跳大神的就是其中一個，這次疾病也是由他而起的。在南疆，這種蠱咒流傳已久，傳說得很恐怖。所以，大家都敬畏三分，躲讓三分的，沒人夠膽大與其正面交鋒。我看下次處理這些情況時要借助當地人的力量。」

杜鎮遠說：「我們技術人員都是相信科學的，因此我們不會怕，但我們還是要行事低調一些，能不起衝突的就不起衝突。路線我們先標下來，看看能否避開，若找到平衡，既不用繞道又能解決衝突的最好。」

「另外，我們已經挑選了這次東段測量隊第一批隊的人選，我先在此宣讀一下名單。」小魯站了起來一一讀出。

「若大家對此安排沒有什麼異議，那從明天開始各就各位。下次全體會議將在測量完畢後召開。」

三、勘測路線

　　第一梯隊的測量人員已經進入了叢林中，走在最前面的是穿著一身景波族黑衣的小夥子龍仔，這次是他自動請纓來做嚮導。由於自小就生活在山區，所以對地形非常熟悉，他拿著杜鎮遠畫的地圖帶著一行人在山中穿梭著。對普通人來說，這大山中根本沒有路，可在龍仔眼裡到處都有一條天然的路擺在前面。

　　行走在煙霧繚繞，連太陽從哪兒升起、哪兒降落都分不清楚的林子中，他們一眾人緊跟著龍仔向前走著、量著、計算著經緯度，並在地圖上不停地畫著記號。忽然聽到沈工一聲低沉的叫聲，就看不見他了。

　　大家放下手中的測量儀急忙跑到剛才發出叫聲的地方，龍仔叫到：「看著腳下，小心一點，可能他掉進了獵人們挖的的陷阱裡去了。」

　　大家停下了腳步，互相提醒著小心地向前移動著。不久他們看到地上出現一條約兩尺寬的裂縫，龍仔趴在地上用耳朵聽著從地底下傳出的聲音。

　　「沈工，沈工程師！」大家大聲地向那似乎看不見底的裂縫處喊道。

　　可是地底下沒有傳出任何回應。

　　龍仔說：「今晚就在這裡紮營吧，我下去看看。」

　　大學畢業生小郭也說：「我陪你去。」

　　杜鎮遠慎重地思考了一會兒說道：「好，你們每個人身上紮一條繩子，繩子的尾端我們綁在裂縫旁的這兩棵大樹上。如果時間超過十分鐘，我們會拉你們出來。一切小心為上。」

　　杜鎮遠指導著人們紮營，他則帶著幾個人將裂縫外圍的雜草清除掉。時間到了，他用力拉了拉繩子似乎繩子很鬆。他立即叫了兩個人來幫忙，發現很快就將繩子拉了出來，但繩子的尾端並沒有龍仔和小郭。從繩子的尾端可以看得出來那繩子是被解開了扣的，而其中一條繩子的尾端還綁了一小段樹枝。

　　眾人驚呆了，怎麼連龍仔都不見了？

　　人們疑惑地望著那兩段繩子，有人已經又向裂縫中叫喊：「龍仔，小郭。」

　　地底下沒有回音。

　　「龍仔，郭尚儒，沈工！」人們一直向裂口裡喊著。

　　這時天已經很黑了，為了確保剩餘的人的安全，杜鎮遠決定次日白天再做救援。野外的餐食很簡單而隨便，大家圍坐在篝火邊，靜靜地想著消失的三個人。

　　就在這時，聽見不遠處傳來小郭的聲音：「哇，好餓呀，開餐都不等我們呀？」

　　然後就聽見沈工的聲音：「大難不死，必有後福呀。」

　　龍仔也出現在眾人的視線中。大家喜出望外。

　　龍仔向大家簡述下面的情況：「我們順著裂縫向下爬去，打開了電筒看到原來這下面是一條人為的洞穴，可能是有人挖墓，

可能是有人要藏寶，但那裡就是一條空洞洞的隧道。我們跑著跑著就發現繩子不夠長了，於是就解開了繩子。小郭怕你們著急還綁了一張紙條在一個小樹枝上⋯⋯什麼？沒有紙條？我都說你繫得那麼鬆！⋯⋯後來我們到了一個岔路口，兩個人決定各走一條路，找到沈工後或找到洞口後回到這裡匯合。怎麼知道小郭那條很快就沒有路了，也沒有出口，於是他就回到岔路口等我。而我呢越走越遠，直到在洞口遇見了沈工，他正坐在那裡看著地圖找方向呢。我叫沈工別動，就回過頭來找小郭。好在小郭聰明，他在岔路口等了一小會兒就順著我走的這個洞趕了過來。接著我們又一起發現那個洞中還有洞，就進去看了看，那裡有很多的炸藥存放著，看來這個洞已經被一些人發現並有了新的用途。而那個裂縫呢，則不是什麼洞口，而是年久失修，大樹的樹根膨脹長大就把隧道撐裂了，而另外一個洞口我們還沒去找呢。」

杜鎮遠說：「你們平安回來就好。先吃飯吧。不過下次未經允許不可以冒險，我不允許一個人掉隊！今日大家早些休息，爭取明天做更多的事情。」

夜深了，隨隊的兩個警備處的隊友已經分配好了時間，輪流值夜。

清晨，大家被一陣陣的鳥叫吵醒了，測量隊又迎來了一個忙碌日子。

他們不斷地測量、重複測量、審核、記錄和畫圖，各就各位地工作著。

　　就這樣忙碌了一整天，直到視線開始模糊了，他們剛要解決肚子的問題，龍仔前來說：「前面是一個傣族的寨子，不過一定要在天黑前進寨，因為最近世道不穩，常有日本特務之類的人偷襲或殺人，所以他們已經有一段時間不接見外來人了。我認識頭人的兄弟，他能幫我，但天黑以後他也無能為力。」

　　說罷他們一眾人急忙收拾各種儀器準備進寨。剛來到寨子的外圍，他們發現似乎有什麼不對——寨子的小路上乾乾淨淨，不見一人一畜，於是他們整隊人馬在寨外的小山坡上安靜地察看著。龍仔隻身一人走進了寨子，這時四面突然竄出很多手持大刀、長矛、弓箭的壯男來，只聽龍仔一輪大叫，人們才退去。這時來了兩個比龍仔大很多的中年人，跟龍仔說了很久。只見三個人終於向這支鐵路勘探隊的藏身地走來。

　　杜鎮遠迎了上去，其他隊員也都站了起來以示尊敬和迎接他們。

　　寨主胡哥慢慢說了一些情況：原來寨子前些時候來了幾個不速之客，寨中的男女老少發揮了他們的淳樸熱情款待著他們，他們吃吃喝喝，還不時地送些糖果和鐵罐給小孩子們。這些人走了沒幾天，孩子們開始發高燒，他們一開始以為是瘧疾，就用了些山中的草藥，但疫情根本控制不住，孩子們相繼死亡，好多家庭都生活在悲痛之中。因此，他們決定封寨，不接受任何訪客，並請他們理解。

　　這時薛工程師走上來問道：「可否看看那些糖果的包裝和那

些鐵罐子？」

　　於是胡哥立即吹響了一長一短、兩長一短、三長兩短的口哨，不久遠處傳來了一短一長的口哨回應。約莫一袋煙的工夫，一個小夥子揹著個竹簍走了過來，他將竹簍放下後就即刻走開。薛工帶上手套拿起了那個鐵罐子端詳著，從他凝重的表情中看到這罐子肯定有問題。

　　杜鎮遠上前問道：「看出了什麼？」

　　「你看，這上面是一些化學方程式。我們都不是學化學的，但也能看出一二，這些符號是代表著一些正在進行的實驗。」

　　「日本人，一定是日本人！」龍仔喊道。

　　薛工拿起糖果包裝看了看說：「這應該是沒什麼問題的，拿糖來吸引孩子們，讓他們去接觸這些慘無人道的病菌！」

　　大家聽罷，都紛紛議論著。

　　杜鎮遠年輕的祕書小魯忍不住攥著拳頭說：「修築滇緬公路時，就傳說著各種各樣的神祕事件，在公路修好後，南洋技工的司機和修車工也遇到各種的情況。現在我們要修築鐵路，他們又開始搞破壞，居然向寨中的孩子們動手，是可忍孰不可忍！」

　　杜鎮遠說：「我們雖然是沒有槍的抗戰者，在向窮山惡水發起總攻時，我們也要提高警惕防止他們的破壞。千萬不要小瞧他們的破壞，我們做的每一個步驟都要小心謹慎，不論是工作上還是生活上。日本人在陰暗的角落裡搞那些見不得光的東西，雖然可惡，但我們不得不防。我們要和這些村寨裡的百姓們團結起

來。」

隨隊的李醫生立即站了出來說：「我到寨子中義診。」

小郭說：「我們年輕人幫他們修固寨圍子。」

但胡哥說：「謝謝好意，可是封寨的命令是寨中幾位德高望重的老人家提出，雖然知道你們不是害我們，我無法破壞族裡的規矩。抱歉了。」

杜鎮遠說：「那我們就留下些藥品，有什麼事歡迎及時來找我們，警備處也可以幫忙。」

這天晚上大家就在寨子外面宿營休息。大家一起圍著篝火閒聊著。杜鎮遠卻獨自一人坐在一邊考慮著下一步的工作。他們必須在兩週的時間中選定路線，這是絕機密的路線。他這次親自帶隊出來，一是要親自勘查看看路線的困難程度，二是有些不放心全部交給這些年輕人做。這次出來的都將是各地段的帶領者，所以有必要親自帶他們一次。回去後就會將整條鐵路化整為零，分為一小段一小段的，每隊負責一小段。這樣可以保證整條鐵路的保密性。

來自警備處的警備員李輝成和廖廣生，他們兩個是警備處挑選出來的，一個槍法很準，另一個搏鬥功夫很好。當然他們都是來自軍統（軍委會統計調查局、國防部保密局，因其屬於軍隊序列，所以一般稱其為軍統）。他們的任務非常明確，即在於保證滇緬鐵路不受日軍特高科的破壞。所以，他們生怕會發生什麼閃失。表面上看著他們並不十分靠近杜鎮遠，但幾乎眼睛從不離開他，這點杜鎮

遠自己也能感覺到，雖然心裡感覺很不自由，但在這種時局下個人的自由斷不會給這條鐵路讓路的，也就強迫自己適應。警備處有了滇緬公路的保安經驗，這次就更不能掉以輕心。

風餐露宿的兩週很快就在繁忙的勞動中度過了，這一批年輕的技術人員可以獨立地去面對前面的挑戰，杜鎮遠和幾位大工程師決定從第一線上退了下來。他們開了一個高層會議，商量怎樣分工：誰掌管第一測量隊、第二測量隊……；成立第一工程處、第二工程處……；每個工程處下面再分第一總段、第二總段……；每個總段下面再分為各分段；分段下又設大隊及分隊，原則上一個縣的縣長就是大隊長。

「這個耶誕節是我們滇緬鐵路工程全面動工的日期是否可行？距現在的時間只有一個多月，時間很緊。」

杜鎮遠看到沒有什麼反對意見就接著說：「大家回去好好擬定一下各位所分工的工作及屬下各部分的負責人名單，一週後報給總部審閱。」

「經過了這次親自帶領測量隊深入測量，我自己深有體會；我們現在是處於測量儀器極度缺乏的戰爭時期，只有羅盤、水準儀和氣壓錶，我們要在深山密林中準確地測出方位、距離、高差，還要將其繪製在萬分之一的草測圖上，不是不允許出錯而是不能夠出錯。測繪的工作人員不但需要膽量、毅力、勇氣，最重要的是要有過硬的技術。我們不僅要向窮山惡水發起挑戰，我們還要謹防倭寇的破壞，大家一定要提高警惕性。大家對接下來既

艱巨又神聖的工作有沒有信心？」

「有！」低沉而肯定的回答從與會人士中發出。

一個歷史性的日子：1938年12月25日，滇緬鐵路正式全面動工了。

杜鎮遠抽空將自己的家屬搬到了祿豐工地總部，並號召高層工作人員都這樣做。

寶蘭和孩子們已經幾個月沒見到杜鎮遠了，當看到他時，孩子們都愣住了，那還是他們的爸爸嗎？

寶蘭看著他也樂了，說：「啊喲，這是怎麼啦？這臉黑得都跟刷漆了似的。唉！這身子骨也瘦了，好在骨架子夠大，不明顯。」

寶蘭打趣著她的先生。

四、如火如荼

雖然民國政府已經明確決定修築這條鐵路，但他們對這條鐵路的態度忽冷忽熱，加上辦事機構的官僚作風，資金常常不能到位，就連員工的工資都不能如數發給。那段時間可謂是缺資金、缺糧食，就是不缺專家。留美、英、德的專家是第一批向杜鎮遠報到的，緊接著就是從清華、復旦、交大、聯大等著名高校的土木建築系畢業的年輕一輩，大家都是為了抗戰紛紛加入滇緬鐵路的修建。有知識的人越聚越多，國難當頭，每個人都像是一團火，大家齊心，很多方案都一呼百應，工作進行得非常順利。

　　就這樣，杜鎮遠親自帶著一大批專家節衣縮食、任勞任怨地在這橫斷山脈兩側奔忙著，日夜趕測。他們對沿途的山林、河流、村寨都逐一勘查。雲南的五、六月，幾乎每日一整天都是大雨傾盆，山林被雨霧籠罩著，到處都是潮濕、泥濘，時常有危險突發。

　　他們要勘查就必須走窄小的驛道，測量沒有人煙的深山野嶺，度量沒有橋的大河小溪。山嶺很陡，連馬匹都不能走，過河還得划獨木舟。他們在山野間風餐露宿，借宿在少數民族的竹樓上。

　　他們還在踏勘時還發現了這裡盛產著各種金屬礦石，以及數不清的稀有動物和植物。

　　他們一邊測量一邊議論著：「老李，這條鐵路一定可以為這個地方帶來豐厚的利益，你信不信？」

　　老李答道：「那是，這還用說？」

　　「這個地方真是個未開發的寶地呢。」

　　「所以，這條鐵路不僅僅只是抗戰的需要。」

　　「對呀，也是國家建設和雲南經濟發展的需要。」

　　不知什麼時候，杜鎮遠也加入了他們的議論。

　　他們興致勃勃地議論著，杜鎮遠慢慢地走到近處一個高岡上，正在向遠方望著；他也在想：這條鐵路一旦暢通，這片閉塞、貧窮、落後的滇西土地將會煥發出青春活力。

　　這次的勘查小組成員都是精挑細選的，這些留美、留英、留

德的工程師以前莫不是西裝革履，可現在他們卻沒有半點高傲架子，反而是不畏艱苦，不論遇到什麼麻煩，全都一起攜手面對。為了國家的安危、為了民眾的方便，這就是他們的目的。這就是這些學者們憂國憂民愛國者的胸懷。

在這些技術人員和工程人員夜以繼日在趕修東段路線的同時，也加緊了對西段路線的勘測。1939年12月正式開始修建西段鐵路。杜鎮遠以身作則，他帶領著這些鐵道專家們奮戰在這橫斷山脈兩側，形成了一支能吃苦耐勞、堅實的中堅力量。他們是不拿槍的戰士。在國軍從各個戰場節節潰敗的時刻，這支新組建的鐵道隊伍卻充滿活力和銳氣。

杜鎮遠看著遠處，這裡山連著山，山高林密，地廣人稀，工程艱巨，如果沒有任何機械，如何能在有限的時間內撼動這巍峨群山？可是資金，這令人頭痛的資金……，他不禁用手捏了捏自己的額頭。

那時民國政府向英美發出了貸款要求，卻遲遲沒得到回應。杜鎮遠看到英美對日本的態度還很曖昧，也明白美國人還想利用戰爭斂財。他們近期還不斷地把鋼鐵、汽油供應給日本。所以，英美的外援不知要等到何年何月。這樣等就要將這條鐵路等黃了。他想一定要及時向上面彙報一下。

在這裡修築鐵路的工人沒有享受軍隊的編制，因此沒有吃與住的安排。民工們雖然自帶口糧，睡在路邊，但剛毅、勤勞、樸實的他們，勇敢地擔負起了這項急如星火的搶築鐵路的繁重勞動。

　　很快，一支三十萬民工大軍招募完成，這令杜鎮遠和一眾工程技術人員佩服、感歎！

　　這些由各個部族聚合而成的大軍，可以說是非常鬆散的，他們世世代代都過著無約束的生活，所以不喜歡種種限制。

　　可是工期很緊，對於這些沒有經過任何訓練的築路大軍，就要為他們的工作分派很詳細才行，多少人一隊，多少人一組，每一組每一天要完成多少土方的工作，這些資料不但考驗著技術人員也考驗著每一位築路工。

　　這些少數民族天生就有著愛唱愛跳的細胞，在工地上到處都可以看到肩挑沉重的土筐卻仍在打情罵俏的青年男女，到處都可以聽到手握大鎚仍能高歌的中年人。他們似乎是在享受勞動，享受著生命中的每一分鐘。到了晚上，仍然沒有疲憊的意思，還要圍著篝火烤著野味，又唱又跳地揮霍著青春帶來的旺盛精力。每天都會很晚才安靜下來。

　　又是一連多日，在沒日沒夜忘我的工作之後，杜鎮遠在這夜深人靜的時刻想到了自己的家，他又是有多長時間沒回家了？他深深地「唉」了一聲。腦海中飄過了妻子微笑的臉龐，她心甘情願地跟著他，不辭勞苦地東奔西忙，為他生兒育女，為他操勞家務。就算在這樣艱苦的生活環境下，寶蘭還能將簡陋的屋子整理得整整齊齊，令他知道在不遠的地方有一個溫馨的家。他想家了。

　　他並不知道的是，他不在的這段時間，家中的確發生了一件

大事情。

　　寶蘭已經有很多天都沒有杜鎮遠的消息了，這天的太陽又在悄悄地向山邊滑退下去，彷彿是提醒她又是一天的過去，杜鎮遠還是沒有如期回家。屋子裡已經黑了，她拉了一下開燈的繩子，燈卻沒亮，她又急急忙忙地拉了幾次繩子，燈還是沒亮，她想燈泡一定是壞了。於是她找到了一個新燈泡，就爬上桌子準備換燈泡，有些夠不著，就爬下了桌子，又搬來了一個小板凳放在桌子上。她爬上桌子，再登上桌子上面的小板凳，伸著手換著燈泡，突然腳一滑就從桌子上摔了下來。「乒乒乓乓」的一陣響聲，驚動了孩子們，他們看見媽媽摔在地上，紛紛大叫地跑到了媽媽身邊。乃斯發現媽媽的大腿流了好多的血，以為媽媽摔斷了腿。在那個窮山僻壤只有個小診所，根本沒有醫院。乃斯突然想到她有一個同學的父親是從協和醫院前來支援滇緬鐵路的的大醫生，她交代了三妹一下，就跑了出去。

　　當乃斯帶著醫生匆忙趕到後，他仔細地檢查了一下，然後下了判斷：「骨頭沒有骨折，但是……」

　　他看了看孩子們，正不知該說什麼，寶蘭卻說道：「我知道我小產了。」

　　醫生很遺憾地點了點頭。

　　「要不要通知杜工？」

　　寶蘭眼中流出了一連串的眼淚，她搖了搖頭微弱而堅定地說道：「他很忙，我明白他的。」

　　醫生詫異地望著這個瘦小但堅強的小女人，不禁對她肅然起敬。

　　他取來一些藥丸，說道：「請按時吃藥，直到吃完為止，不能中途停下，不然以後就很難再懷孕了。」

　　她點了點頭，顫顫弱弱地說道：「謝謝您！」

　　晚上，天氣大變，風雨交加，乃斯和三妹不放心媽媽，就留在了媽媽屋裡陪著媽媽一起睡。

　　醫生回去後，想了很久，還是本著負責任的心情撥通了基地辦公室的電話。

　　寶蘭望著匆忙趕回家的杜鎮遠，只見他說：「乖，咱以後不要再生孩子了，這樣會損耗你的身體的。現在四個孩子，我很滿足了。」

　　寶蘭卻說：「可是只有一個兒子呀！再生個兒子就不生了。」

　　杜鎮遠望著這個倔強的小妻子，心痛得搖了搖頭，因為不想讓她失望，也就沒說什麼了。但他是個行動派，馬上安排下屬請了一個保姆、一個廚師，才放心地回工地去。

　　寶蘭在院子門口望著丈夫，囑咐道：「再忙也要記得準時吃飯、吃藥，啊？」

　　「千萬不要又搞壞了身體。」

　　杜鎮遠說：「我又不是出遠差，現在的工地就在本省之內。你要好好休息啊，有什麼事情記得一定要聯繫我。」

他親吻一下妻子的額頭，轉身上了車。

一早蕭素來到辦公室，剛剛坐下，桌面上的電話就響了起來：「喂？」

「請你到杜工辦公室來一趟。」電話中響起了杜工副官的聲音。

她放下電話就急匆匆地跑了過去。

「幹什麼這麼著急，還跑著來？」杜工看到她紅紅的臉頰問道。

「沒有什麼，以為您有什麼緊急的命令。」

「是的，自從總部搬到祿豐，我就發現很多人遲到，有人甚至遲到一個小時，但從簽到卡上根本看不到遲到的現象。我打算明早召開一個大會，請你盡快發出布告，召開一個臨時會議。」

第二天一大早，在總部外的空地上，杜鎮遠問大家：「我們是鐵路人員嗎？」

下面回答得很不齊聲：「當然咯。」「是的呀。」「是的。」

他提高了嗓音又問：「是不是？」

這次大家異口同聲地回答：「是！」

聲音在山間迴響著。

他笑了：「是，我們可以驕傲地說我們是鐵路上的人。」

他又問大家：「都乘過火車嗎？」

「乘過。」大家回答著。

「好，非常好，乘火車時最重要的是什麼？」杜鎮遠又問。

大家你看看我，我看看你，回答不出來。

有人悄悄地說：「不會是帶上行李吧？」

剛說完就被旁邊的人搧了後腦勺一下。是呀，杜局不會問這麼傻的問題。

「錢？」有人小聲地嘀咕著，「哦，當然也不對。」他又小聲地自問自答。

突然有一個年輕的小夥站起來回答：「不能去晚了，火車可是不等人的。」

杜工滿意地看著那個小夥子說：「對，火車是要準點開的，誰遲到了，就趕不上火車了，火車永遠不會因為某一個人的遲到而延遲。這是不是一個很淺而易懂的道理？我們作為鐵路人最重要的就是要守時，請大家自我反省一下，這些日子是不是沒有準時上班？我也不想點誰的名字，大家都是明白人。我知道，現在政府部門中有著很多問題，貪污腐敗、工作拖拖拉拉、不守時的作風比比皆是。但是，我要求我們鐵路員工是要站在別人達不到的高度，我們鐵路公務員要以我們自己的清廉、用我們自己的工作作風為國家、為民眾工作，對得起自己的良心，對得起國家和民眾的信任。我們是站在第一線的工作者，不能為鐵路人丟臉。好了，我的話講完了，我希望明天就能看見大家的新氣象。」

第二天，杜工親自來到了總部的大門口，看著一眾員工準時上班，他開懷笑了。這就是鐵路人應有的工作作風。

　　雲南西南部氣候潮濕又炎熱，病菌容易滋生繁殖，那時又缺乏防護措施，有了前幾次在工地上發生的傳染病經驗，杜鎮遠早已籌備組建醫療及防疫隊伍。幾十萬民工和技術人員勞動、工作和生活都在一起，集中在這瘧疾高發地，一旦發生了流行性疾病就會蔓延開來，難以撲滅。這支由美國援建、中美專家合組的「抗疾團」中，有從香港回來支援抗戰的著名醫學專家，還彙集了國內熱帶病學專家的精英。他們在各總段、分段都設立了醫院和診所，還給部分民工發了蚊帳。但這個地區的傳染病已經肆虐了千百年，在沿海各大城市失陷後，藥物難以採購，僅靠泰緬華僑的捐助，預防作用不是很顯著。瘧疾、痢疾、傷寒的傳染，使不少施工工人相繼生病、死亡。

　　尼亞和達西父子兩個都是來自白族部落，一起加入了鐵路的修築工作。尼亞正值壯年，非常肯吃苦，由於他的表現很快就在工地上擔任了一個小頭目。他每次總是盡量將工作安排得非常合理，而自己總是帶頭幹最髒最累的活，達西也時常抽出時間去幫父親。平時父子倆輪流煮飯，輪流燒水，有時尼亞的妻子還來工地送些生活必需品和土特產。他們每天都勤勤懇懇、日出而作日落而息。白族人愛唱山歌，他們用特有的曲調，父子倆一對一答地唱著。不一會兒，彝族的民工也唱了起來，傣族的那邊也唱了起來。這一帶動使工地上出現如火如荼、熱火朝天的場面。就在工程進行得很順利的時候，一場瘟疫悄悄地襲擊了這個工程段。達西突然發了高熱，接著尼亞也發起了燒，一陣冷一陣熱。疾病

流行開來，工地上一下子就病倒了一半人。

　　醫生們忙著在工地四周消毒，防止疫症蔓延。救治的藥品總是很缺，救了這個就失去那個。醫生們都是精英，但也無奈，「巧媳婦難為無米之炊」。尼亞在醫生的診治下，慢慢地好了起來，可是達西就沒有那麼幸運了。醫生們看過達西的病情後，都決定在現階段藥物缺少的情況下只能放手，停了用藥。這下可惹急了剛剛病好的尼亞，尼亞在央求醫生而沒獲得任何答覆的情況下，他決定用自己的方法去救治達西。他回了一趟家，在家裡取了些自家的藥，又上山去採了一些草藥，搗弄了大半天，就回到工地，然後開火煮藥。他一勺一勺地餵著兒子，不到十天的工夫，達西的病症就開始減輕。達西的變化令這些醫療專家似乎看到了新的希望，他們居然也想試試用山草藥，就向尼亞虛心討教，又向各族民工學習他們土法治療和防疫措施。一時間熬草藥的香味瀰漫在山間的空氣裡。

　　滇緬鐵路的修建，是為抗戰而修，是為解決民眾的出行更方便而建，但其自然環境是惡劣之極。這裡的戰鬥是沒有硝煙的，是數十萬工人與自然之抗爭，也是與病魔抗爭的最前線。

　　這場與瘧疾之戰的最艱難地區要屬雲縣。雲縣作為滇緬鐵路線上重鎮，鐵路須穿境而過，是過境鐵路最長的地方之一。

　　雲縣被瀾滄江、高山、河谷、熱壩圍繞著，形成了十分獨特的立體氣候，原始森林拔地倚天，蒼翠山間，綠蔭交錯。拿戈河、溫竹河、拿魚河清澈無比，似人間瑤池。河谷溫泉星羅棋

布，山險、江急。上帝打造這樣原始生態真的是美輪美奐。

　　雖然這裡的美景如幻，可是在這樣的地勢下修建鐵路卻是太難。更殘酷的不僅僅是自然條件，還有那流行的瘧疾。這裡的瘧疾極其猖獗，瘧疾在這裡流行了四年之久，陸續出現了死亡村、死亡鎮。在修築鐵路時，由於工期緊，任務急，雲縣的人民盡量地派出更多的民工，工人們一個月一輪換，工程的進度就像是和死神較上了勁，搶的得一分是一分，爭得一秒是一秒。

　　除了修築鐵路，還有三大項公路工程，也在雲縣展開著，需要雲縣人出工出力，全縣幾乎男女老少都被徵到了修路上。雲縣人在遭受多重困苦和死亡威脅中，用盡生命最後的力氣，支撐了滇緬鐵路的不停推進。血肉的拚搏，加上後來美國援助的機械設備助力，進度創造了奇蹟，近九百公里的滇緬鐵路，預算四年的工期，最後僅用兩年半時間，到1942年4月日軍占領緬甸時，基礎工程全都完成。其時間速度之快，讓世界驚歎。美國前總統羅斯福曾經稱讚說：「中國政府能在短期內完成那艱巨工程，此種果敢毅力和精神，實令人欽佩……這種精神是全世界任何民族所不及，可同巴拿馬運河工程相媲美。」

　　面對的困難一個接一個，在戰爭迫在眉睫的時刻，無論如何修築鐵路都不能停。一批人倒下了，一批人又頂上去，這裡就是在打一場沒有煙火的戰爭。國家需要這段鐵路，抗戰需要這段鐵路。杜鎮遠和專家們沒有退縮，民工的人數也漸漸地由更多的少數民族頂上了。少數民族住得比較分散，一般對國家大事瞭解不

多，但隨著修築鐵路的人們在這個地區開展工作，他們也清楚了國家正處於戰爭時期，外敵入侵、國家有難、人有病災時，他們對國家民族的概念也越來越明晰了。他們挺身而出，他們放下了田間的鋤頭趕來挖山修路，他們同時在描繪這一幅鐵路暢通後美麗的遠景，他們期盼著有一天鐵路修通了，可以搭載他們出山見見外面的世界。

這裡各區縣鎮是按照戶籍來招收民工的，大部分人都還保持刀耕火種的原始生活模式，日子悠閒，與世無爭。他們一生中都未曾嘗試過這樣繁重的工作量，沒遇到過這麼多的驚險，沒見到過這麼多的疾病。而且在工地上吃的、住的他們都不習慣。另外，有些本地民工有抽鴉片煙的習慣，體弱不支，施工效率極低。西線所經臨滄地區有六個縣又被定為「瘧疾高發區」，飲水、環境已污染。疾病、飢餓與沉重的勞動，使得許多人喪失了生命。當年倒在滇緬鐵路上的大約有十萬人，相當於每隔八米就會有一架屍骨。西線工程主要沿南汀河而下，無數人的屍體被拋進了南汀河。南汀河一度成為了死亡之河。

而在這種關鍵時候，某些分段的民工總隊長、分隊長還借故克扣民工血汗工資，導致了勞資間矛盾的激化。

時間緊，任務重，山中的瘴氣還不時地襲擊著這裡的工地。牟定縣南華段的一個勞工岩臘因吸入瘴氣而從高高的架橋上跌了下來摔斷了脊椎和一條腿，岩臘因救治不及時，最後導致死亡。就是這樣的一個導火線，加上該區段民工總長根本就當作沒有事

故發生一樣，沒有撫恤家屬，沒有安慰其他人。這激起了民工的義憤，牟定縣的民工忍無可忍，就將民工總隊長活活打死了。

　　牟定民工打死總隊長的事件，使鐵路沿線的震動都很大，也對所有的大小工賊都起到了一個警戒的作用。當杜鎮遠和總局得到報告後，馬上組織了巡查隊和增派護路警察。巡查隊對那些有些小權力就想雄霸一方的頭目進行了清理。護路警察不斷監察路況，怕被激怒的民工破壞。

　　大批的知識份子和幾十萬民工一起奮戰，大家的工作崗位不同，但工作的精神卻相互感染著，修築鐵路的工地已經掀起了趕工的高潮，山這邊剛唱道：

　　　　戰士的鋼槍手中握，
　　　　我們的鋤鎬手中拿，
　　　　戰士在前方流熱血，
　　　　我們在山林熱汗灑，
　　　　國家與我共存亡，
　　　　豈容倭寇侵我家！
　　　　啦啦啦……

　　山那邊又唱道：

　　　　開鑿重山疊嶂，

架起飛天橋樑，

越過橫斷山脈，

鋪出出國路線。

少數民族也用他們的曲調回應著：

嗨喲嗨喲……喲，嗨喲嗨喲……喲，我們的肩膀關係著祖

國的存亡！

就在這條鐵路可以日見成效的時候，又遇到了挫折。當時緬
甸是英國的殖民地，英國政府擔心中國勢力返回緬甸，所以對滇
緬公路和滇緬鐵路的修築處處掣肘。中美英本來協商好，緬甸段
由英方負責，但他們卻藉口沒有民工可派遲遲不動工，以致滇緬
鐵路局在美國購買的器材通過海輪運抵仰光後無法再向北運，給
滇緬鐵路的施工帶來很多困難，多次交涉，英方卻一再拖延。

五、停建

英國人一直對修築這條鐵路懷有戒備之心。

根據中美英三方協商，緬甸境內臘戍至滾弄僅一百五十公里
的鐵路，應由英方負責，可英國人磨磨蹭蹭遲遲不動工，一再拖
延。這的確給在雲南修築鐵路的滇緬鐵路局帶來了很多困難，許
多的器械和材料都無法通過這條鐵路運進中國。

1940年7月，日本外相向英國駐日大使正式提出關閉滇緬公路的通牒。最後，英國大使致電英國外交部主張對日本妥協。這時日軍在深圳集結了五千名陸軍進行備戰演習，向香港的港英政府施壓，香港防務立即吃緊。與此同時，日本政府下達了最後通牒，限期十天內達成協議。

在7月10日那天，英國邱吉爾戰時內閣正式做出決定關閉滇緬公路，美國也表示「有點遺憾，但不表示異議」的默許。英國與日本簽訂了《英日關於封閉滇緬公路的協定》及祕密備忘錄。中國對外運輸通道僅剩下大西北的蘇聯公路。

這就是被稱作「遠東慕尼黑」的歷史事件。

對於英國這種背信棄義的舉動，使原來行駛在滇緬公路上的三千餘輛軍車、四千餘輛公車和商車全部處於癱瘓狀態。這種情況下，民國政府對要否把這條滇緬鐵路修下去又開始搖擺，自然經費明顯大幅下降，以致人心浮動。剛剛掀起的築路高潮就這樣被那些國際上的政治惡棍們，迎面澆了一桶冷水。杜鎮遠這些為滇緬鐵路傾注所有心血的領導層和鐵路專家們，由於英國政府突然的變化而五內俱焚。雖然他們上下奔走、各顯神通、多方反映要求將這條鐵路繼續修下去，可是財政部不再撥款，而那條千辛萬苦修成的滇緬公路也被無理地掐斷。

滇緬鐵路的東線沿線處於放慢進度狀態。他們將每月的經費由四百萬壓縮為二百五十萬元，而西線則完全停了工，經費由每月二百萬元壓縮為三十萬元。

這件事將杜鎮遠氣得夠嗆！他吼道：「做啥子麼？這算什麼？就這樣？」

他一怒之下將桌上的東西包括那部直線電話也掃到地上了。副官從沒見過杜工發這麼大的火，嚇得站在一邊直哆嗦。

就這樣，包括杜鎮遠在內的幾十萬築路工作者的幾年血汗並未被當局政府重視。鐵路被判了「死刑」。

徵調來的民工可以打發回去，可是如果將修築鐵路近萬工程技術人員做鳥獸散，再聚集起來就難了。杜鎮遠對著這些追隨自己多年，不怕艱苦，不畏危險，走南闖北，無私貢獻的技術人員，心中充滿了感恩。他不辭辛苦地為了這些可憐的技術人員的最低工資和口糧而愁白了頭髮。

日軍逼近重慶，國民黨政府討論是否真的要向西康撤退。因此，他們急需修建一條從西康的首府西昌通往雲南的公路。交通部部長曾養甫看到「滇緬鐵路」這支技術力量，就建議將這條修築公路的任務交給了「滇緬鐵路工程局」，提議獲得了通過。

這一次國民黨政府又慷慨了，每月給修建公路的經費是法幣五百萬元。

六、西祥公路

這條公路在當時也是被列入了軍事機密，為了嚴防日本人滲透或者漢奸的加入，所有參加築路的員工都要有人介紹或擔保，除了少數民族的勞工。其圖紙和計畫都被鎖到了一個專用小屋

中，並派重兵把守。

西昌公路北起西昌，南至祥雲。這是一條應抗戰而生的公路，它將成為國際運輸線的捷徑。那時，我國大片山河國土已淪陷，海上交通被封鎖，滇緬公路和滇緬鐵路被關閉，國民政府也被迫遷都重慶。我國西南部地區重山峻嶺，交通十分不方便，抗日物資根本無法運到前線，令我抗日戰爭陷入了極其困難的境地，建設西祥公路的地位尤顯突出。

交通部奉蔣介石手令，命滇緬鐵路局局長杜鎮遠兼任西祥公路處的負責人，籌建這條決定抗日成敗的交通要道，並下令列這條公路是機密，所以這條比滇緬鐵路還長二十四公里的公路永遠都不會出現在地圖上。

日軍已經越逼越近，炮火聲已經隱隱約約聽得見了。

杜鎮遠令其屬下這些鐵路專家臨時改行，開始進行公路的修築。他們迅速地將工作重新安排，決定留下少數人員看守各總段、分段沒有完成的路段外，帶走了大部分的工程技術人員去修公路。修西祥公路在鐵路專家面前，一開始沒有什麼人特別重視，大多數的技術人員覺得修建公路真算是沒有什麼技術含量；但這條公路路段則可謂山高水險，他們必須十分謹慎地對待每一個環節。

踏測工作異常艱巨，杜鎮遠在開工前召開了大會。

他在會上動員說：「日本對我國的侵犯，英國為我們的設卡，我們怕嗎？」

大家在下面大聲回答：「不怕！」

他又說：「前方戰士在流血，我們後方在流汗，山高我們怕嗎？」

大家回答：「不怕！」

「水險，我們怕嗎？」

「不怕！」

杜鎮遠說：「對的，我們要像前方的戰士一樣，不怕艱苦，甚至不怕犧牲生命，為國家打開這條戰略的公路，為抗日的需要提供物資暢通的道路。」

這回，測繪人員都是選用年輕人，這群朝氣蓬勃的年輕人面對懸崖峭壁，用繩索捆住身體懸空作業。

杜鎮遠面對時間緊、任務重的情況親自下達指令：「安全第一，品質第一。」

做杜鎮遠的部下，從來不允許懈怠，他們馬上雷厲風行投入了修築公路的戰鬥。各就各位，高層及中層幹部有著各種分工；招聘民工，民工的口糧是由鄉紳、殷實戶按等級攤派籌集，由馬幫運送，押送員負責交糧、提糧，一直送到工地。吃糧不定量，以吃飽為原則。大家不分彼此，一起風餐露宿，劈石削岩，架橋鑿洞。

杜工提出了新的號召指令，簡單明確：先求其通，後求其備，多繞少橋，多切少填。技術人員按照新的思維，趕製圖紙。這節省了很多的人力、物力和時間。他還親自沿線發放工款，鼓

勵技術人員和勞工們。他對每一項工程造價認真核對、審定。由於他親力親為的帶頭作用，所以手下們也都很認真負責。他的團隊工作勤奮，層層負責，秩序井然。他生性耿直，見到問題毫不猶豫就批評，見到工作好的就表彰。

杜鎮遠幾乎天天收到上面電話催工，又是多少個不眠之夜，又是多少個風吹日曬的日子，又是一條搏命的工程。為了能夠早日運輸抗戰物資，他早已忘記自己身體的存在，不眠不休地安排著趕工。

四川省涼山彝族自治州交通局檔案中有這樣的記載：西祥公路，路線選擇妥當，全部路線都是在經濟區域和政治區域中延伸而且都能避開危險地帶，減低峻急的坡度。施工迅速，能在戰局嚴重的情況下，從設計研究到人事運用，直至順利完成。

這是一條非比尋常的公路，充分發揮了杜鎮遠的智力、道德、才幹，加上軍令、政令都不含糊，沒有人敢以身試法。

就這樣，技術人員沒日沒夜地奮戰著，民工們一撥又一撥的人員輪換著，吊在懸崖上打出了開山炸石的炮眼。有多少人在工作中不小心掉下了懸崖，又有多少人為了這條公路獻出了生命。「轟轟」的爆炸聲此起彼落，那場面哪裡像是修路，就是一個十足的戰場。沿路都是標語：

「有錢出錢，有力出力，一定要把日本鬼子趕出去！」
「國家有難，匹夫有責！」

「不做亡國奴！」

那就是築路者的心聲。

山下壩子裡炎熱如夏，山上寒風刺骨如冬。川、康、滇的各族勞工攜手配合，趕修趕築，只用了兩個月就完成了原本一年時間才能完成的測繪。

雖然公路比較簡陋，橋樑全部用木料支撐，用螺絲固定，用板料擋土，隧道用石塊土壤砌搭，紅泥勾縫，但這種建造公路的速度仍然震驚了上層。這條西祥公路只修築了一年就通車了。

杜鎮遠帶領著他的團隊又一次創造了中國公路史上的修路奇蹟。

在竣工時，杜鎮遠首先向因修築這條公路而犧牲的同仁默哀，因為在這條公路犧牲的人真是比其他工地要多得多。每次想起這點，他的心情都很沉重。可以說這條公路是沿途各地的老百姓用鮮血和生命換來的。

但是，這條公路的壽命也不長，由於日軍逼近雲南，國民政府擔心該公路會被日軍利用從緬甸打進四川，就下令破壞西祥公路。沿路的鄉親們含著眼淚在道路上每隔二公里挖一個「品」字形的深坑。

杜鎮遠和幾萬築路員工的業績又一次被那特殊的年代淹沒了。

現在在攀枝花市仁和區，還可以看到這條公路所殘存的一段和「品」字坑。

七、復修滇緬鐵路

1941年春，德、義、日組成了「軸心國」，從情報上得知日本將對英屬的東南亞國家入侵，這使英國終於明白了災難即將降臨到他們的頭上。英政府馬上就轉向中國表態：他們會盡快修築在緬甸境內的鐵路以配合中國的「滇緬鐵路」，同時希望中國政府能對這條鐵路迅速復工。可是這時候，修築鐵路的總指揮杜鎮遠正帶領著他的隊伍在搶修西祥公路，而且這項工程正處於緊張的施工階段。接到新的命令後，他只能抽調少數人去做鐵路復工前的準備工作。

杜鎮遠和專家們對這條多災多難的鐵路又可以動工，不知有多麼高興，整個工地都洋溢著重新工作的興奮。他們迅速完成了「西祥公路」，全體撤回到滇緬鐵路的各段各部。

他們心中有喜也有悲：喜的是，那些他們用生命與鮮血費盡心力勘測繪製計算的圖紙、資料，那條千辛萬苦與幾十萬民工風餐露宿劈山鑿洞挖出的毛路就不會浪費了。被英國這麼一卡，使這條鐵路停工了一年，他們必須把失去的時間搶回來。悲的是：收音機中前方失利的消息不斷傳來，他們的心又愁了起來。

怎樣能把失去的時間搶回來？杜鎮遠日思夜想，費盡了心血，最後他果斷地決定採取了南北兼顧的辦法，一條鐵路分為兩段，同時開工，轟轟烈烈的修築鐵路工程又開始了。

就在這時，日本軍國主義的瘋狂一發不可收拾。有情報指出

日本人連美國統治的菲律賓都不打算放過，美國人這時也不得不開始採取行動，派遣一百名從陸海空各軍中抽調出來的飛行員和一百架飛機以「志願者」形式來中國參戰，還開始向中國貸款。頭三次就高達一億七千五百萬美元。國民黨政府也展開了向海內外發行修築「滇緬鐵路」公債一千萬元。

為了加快鐵路建設速度，當務之急是及時獲取所需貸款和施工材料，杜鎮遠決定親自去美國催收貸款和購買材料。他首先將手上的工作一件件移交到他的下屬那裡。

「老李，這裡是所有的圖紙和參數，請你親自審核施工情況，要一絲不苟，不能馬虎。」他交代道。

「老蔣，你是學工程的，圖紙上標注的這些地段，你要多加留意，千萬不要留下品質的隱患。」

「林工……」

他對他們千叮嚀萬叮囑。

最後他說：「到美國後我會告訴你們我住的地方，有急事一定要給我打電報。」

他以滇緬鐵路工程局局長兼總工程師的身分，前往美國。為了節省開支，沒有帶助手，自己一個人帶著全滇緬鐵路修築者的期盼，帶著政府對他的信任，帶著滿腔的熱情上了飛機，從昆明飛往香港，又從香港飛往馬尼拉、關島，橫越太平洋到達夏威夷，轉飛美國洛杉磯，再轉飛華盛頓，這萬里的行程輾轉周折二十天才到達目的地，真可謂是一段極其奔波的旅行。他心裡掛

念的事情非常多：這些日子戰爭有沒有打到雲南？那邊的工程怎樣了？寶蘭和孩子還好吧？

　　杜鎮遠闊別十七年再回到美國，華盛頓和紐約已經是高樓大廈五光十色的大都市了，這裡和他的祖國正在日本人蹂躪下滿目瘡痍的情形，真是天壤之別，令他感慨萬千，不停歎息。自己曾是美國學生中的佼佼者，他想：我們每個人都是那麼出色，我們的智力不比他們美國人差，為什麼我們的國家就要受他人魚肉？

　　他在華盛頓四處為「滇緬鐵路」的籌款奔走，他的同學和朋友知道了他的情況，都紛紛過來幫忙疏通關係。在奔波途中他的右腳骨折，大家都勸他住院治療，但為了早日獲得急需的貸款，他架著拐杖，拖著打了石膏的腳，沒有休息就一瘸一瘸地，不辭勞苦地奔波著。

　　美國的當政者已經從世界形勢的急遽變化中認識到，他們被直接捲入這場世界大戰是遲早的事，他們認清了支持中國人抗日戰爭，是對他們極有利的事情。因此，杜鎮遠去美國正是時候。他在中國駐美特使宋子文的引薦下，分別與美國政府的外交、軍事、財政部門的相關人士一一洽談，說明中國目前的狀況。他僅用了十天時間就讓美國方面充分地瞭解到這條在危峰兀立的萬山叢中穿行千里的滇緬鐵路的作用，以及目前的修建進度。他不用草稿，侃侃而談，從日寇侵華的罪行到我國極度缺乏資金、器材、材料的困境。美國總統羅斯福在聽取了外交、國防等方面的報告後，批准給予滇緬鐵路專項貸款一千五百萬美元。這在當時

是一筆數額巨大的單項貸款。

多少天的不眠之夜，多少日的辛苦奔波，在收到獲得貸款批准的消息時，使他如釋重負。他一頭倒在床上，不吃不喝地睡了三十多個小時。當他從床上起來後，整理了一下思緒，又立即投入到緊急的採買工作中了。

當這消息傳到國內時，給滇緬鐵路的工作人員帶來了極大的振奮，高漲的情緒籠罩了工地全線。

杜鎮遠按照帶來的訂單將貸款全部用來在美國購買鐵路用料和器材。這次高品質採購一定會使鐵路早日完工。

他是個技術專家，熟知參數，認準貨比三家，誰家的品質好、誰家的貨期準、誰家的服務好，虛心向行業內的人學習，認真地選擇。

有個買家想請他吃飯，他婉拒說：「我有糖尿病，不能吃宴請。」

有人說：「你要不要去大峽谷看看？我請你。」

他說：「十八年前就去過了，我現在可沒有閒時間去玩。等我們國難過後，我退休了再來吧。」

有人看到他有這麼大的訂單想賄賂他，提出給他回扣五萬美元。

他予以嚴詞拒絕，怒道：「這些錢是羊毛出在羊身上，我不會去拿這筆款的。我一生廉潔，你這是在往我身上抹黑！」

他不但買了修築鐵路的材料和機械，他還將剩餘的款項都買

了藥物，因為他不願再看到修築工在傳染病中一批批倒下，一批批死亡。

在美國的朋友看到這位高大的中國人是如此地剛正不阿，眼神中都露出了敬佩的神情。要知道那個年代，國民政府是多麼地腐敗，連他們美國人都知道。只有杜鎮遠是這樣地清清白白，光明正大。這些消息也傳到了國內，國內的政府也知道了這種情況，交通部本擬上報表彰通報，但無奈戰局加緊，這份表彰就被壓了下來。

杜鎮遠完成採購任務後，就匆匆離開了美國，直接趕回滇緬鐵路修築的第一線。他一回來就風風火火地決定將所有原鐵路局參與修公路的所有技術人員全部調回鐵路沿線，他還繼續不斷地招聘新高級技術人才，開辦基層工程人員的培訓班，保證工程品質與進度。

不久民國政府將滇緬鐵路局提升至交通部滇緬鐵路督辦公署，直接隸屬中央的副部級機構。這時又調派了更多海歸的專家，建築、隧道、堤段、橋樑、渡口的各路精英都前來報到，杜鎮遠馬上派他們去各自的工作崗位，一時間各就各職，好不熱鬧。部裡又派很多著名醫生前來報到。在那兵荒馬亂的戰爭年代，在那炮火紛飛的時刻，全國各地的建設者都因戰爭的破壞而停頓，唯有這裡的鐵路建築還在如火如荼地進行，真的吸引了不少人才。

那時的「滇緬鐵路」就是那樣地具有磁力，吸引著一批又一

批願意為鐵路建設貢獻力量的專家們,從華北、華東、華中、華南各地趕來,從敵占淪陷區趕來,從香港、從南洋趕來。民工來自沿線地區,適齡男女幾乎全數上了這沒有硝煙的戰場,這些民工只求有碗飯吃,心甘情願地來勞動。

在資金、器材、人員陸續到位的情況下,滇緬鐵路沿線又一次掀起了作業的高潮。民工們打夯時的雄壯喊聲,開山鑿洞的爆炸聲,迴響在群山峻嶺之間。當曾養甫和杜鎮遠帶著美國專家來工地巡察時,都被這滿山忘我的勞動群眾的幹勁感動得熱淚盈眶。「中國人!中國人!」他們豎著大拇指連連誇獎。雲南勤勞樸實不畏艱苦的各族勞動者感動著每一位專家,激勵著每一個技術人員。隨著東線部分路段的順暢運行,每位築路者的信心更加增強了。

八、多變的時局

國際戰事風馳電掣地變幻著。1941年12月日本悍然偷襲珍珠港,引爆了太平洋戰爭。不久日本又攻擊了東南亞各國,占領泰國之後,入侵緬甸是必然的事。日日關心戰況的杜鎮遠,擔心極了。新加坡失陷,眼看緬甸很快就失守。中國的遠征軍失利撤退,這些都給修築鐵路的工作人員帶來了重重陰影。

眼看日軍趁勢要沿著滇緬公路追擊潰軍而進入我國滇西。這個事態的發展讓杜鎮遠所擔心的問題擺在了眼前:那些千辛萬苦才運到仰光的築路器材、鋼軌、鋼樑、拖拉機、推土機、水泥以

及醫藥等等不能有失。他們立即抓緊一切力量搶運，可是兵臨城下，車隊不得不為部隊和軍運車讓路。他們群策群力，一方面想辦法在非戰區租一個儲藏材料的庫房，把那些來不及運出的器材存入，另一方面他們夜以繼日地趕工，想搶在戰火還沒有燃及的緬甸北部，把這條鐵路修築成功。1942年3月8日仰光失守，令存在那裡的大部分築路器材落入到日本鬼子手中。

1942年3月中，民國政府下令滇緬鐵路全線停工。

一切都寂然了，全體技術人員都落下了眼淚。

這時鐵路已經修得差不多了，整個工程都在緊張而有序地進行著，幾十萬民工和工程技術人員怎能接受這項命令？是他們在修築路中彰顯出中華民族那不懼艱難險阻的偉大毅力和創造力。這時，東段已從昆明穿越了七條隧道，鋪設的路軌已達「平浪」！西段工程也已完成了四百公里！沒有人還能坐在辦公室內，都站在了鐵路沿線，望著嶄新的車站、高高的鐵路橋，大家眼看著離這一偉大的工程的完工指日可待，難道就這麼停了？大家失落萬分，一片茫然。

杜鎮遠仰天長歎，深知這次停工不同於上次，很可能就是永遠地停工了。他提前為這條費盡心血的鐵路默哀！

戰爭終於降臨在滇西，中國遠征軍大潰敗，緬甸全境以及滇西邊境怒江以西，已經全部淪入敵手。

戰爭到了這時，使重慶國民黨政府更是陷入在一片混亂之中。重慶民國政府內，各個部門一片狼藉，沒有人還有心情工

作，也就將這擁有幾萬全中國鐵路精英的滇緬鐵路視為累贅！雖然多次與重慶聯繫，得到的卻是：「雲南都不保了，還要鐵路做什麼？！」這令曾養甫和杜鎮遠十分震驚。

「就這麼冷冰冰的一句話就抹殺幾十萬人數年的辛勤勞動！」在高層的會議上每個人都十分悲憤。

「為了抗戰，為了將來，這對得起在滇緬鐵路上白白死傷了近十萬的民工嗎？」

雖然大家都十分不滿，但無奈的是，這場戰事的形勢已然轉變。

少數民族翹首渴望的日子即將到來的時刻，這條鐵路就這樣永遠地停工了。

九、中印公路

隨著時局的變化，民國政府又有了新的迂迴救國政策。

那是1942年，蔣介石去印度參加了新德里會議。會議決定修築自印度利多（Ledo），經緬甸支那（Myithyina）至雲南龍陵的中印公路。

杜鎮遠突然接到命令：因形勢需要，調任他為中印公路局局長。

調任令明確地指出：要迅速修築好中國境內段這條公路，這也是一條國際通道，只有這樣才能支援中英軍隊，也才有機會回來繼續修築那條多災多難的滇緬鐵路！

當知道滇緬鐵路能看到一丁點的復工希望，對杜鎮遠和眾多的技術人員來說也是開懷的。這些天真的知識份子，在工作中都充滿了幻想成分。

當杜鎮遠帶著重負飛往印度去談判相關事宜的同時，他的同僚們也開始行動了起來，安排哪些人去，哪些人留，以及誰負責什麼工作，全部辦得一絲不苟。人們也滿懷希望地認為這次修築公路也會像上次修西祥公路一樣，一年半載就會回來，到那時滇緬鐵路又可以繼續修築了。他們哪裡知道此行的兇險，不少人就這樣匆匆永別了祖國。

不久修路的預算出來了，無奈民國政府根本就是在紙上談兵，完全沒有能力承擔！這就好像有人在前面畫了一幅美麗的伊甸園圖畫，但那卻是遙不可及的，騙得那些單純的知識份子不知所措。

杜鎮遠左思右想後，就向交通部要求將已運抵仰光的卡車、汽油先撥給這項工程用。可就是這麼一個要求，在重慶的官僚們一點都不做安排。工程技術人員們沒有辦法，所以他們徒步走向目的地，而那些車輛後來被日軍繳獲。

英國人很狡猾，他們無意固守緬甸，因為他們相信戰後用勝利條約可以不費一兵一卒就能收回。但他們的如意算盤隨著緬甸的陷落而流產了。緬甸失陷後，英國政府非常擔憂日軍會進攻印度。然而，那時尼赫魯、甘地等印度政界要人均不願支持英國抵抗日軍。

　　不久在前線的中英軍隊已經一敗塗地，可是修築中印公路的員工並不瞭解軍情，他們還一批一批不停地向中緬、緬印邊界集結。

　　經費！又是經費！戰事！又是戰事！

　　杜鎮遠對著源源不斷湧來的修路人員，雖滿懷感激，卻不得不向各部門宣布：本局因時局未定，經費有限，不得不暫行結束……只留了百分之二十技術骨幹。

　　這也就等於宣告中印公路工程夭折。

十、炸毀

　　蔣介石幾乎是一天一封電報，有時甚至一天兩封電報，連續發出四十餘封電報瞭解敵情，分析風險，為炸路提供決策依據。

　　為了防止日軍利用這條剛修築好的滇緬鐵路，為了保護昆明市，也為了保護重慶的民國政府老巢。1942年5月12日，蔣介石下令給曾養甫：炸路！

　　接到命令的第二天，曾養甫風塵僕僕地來到了彌渡工程指揮部，含淚下令炸路。在空氣壓抑的辦公室內寂靜得連一根針掉地都可以聽得見。這麼多的男人的眼眶中都淚光閃閃。沒有人說得出話，甚至也沒有人咳嗽一聲，好像大家都石化了般豎在那裡。

　　炸？……！！

　　這幾分鐘彷彿幾十分鐘，大家才如夢初醒地反應過來。鐵路還沒有炸，辦公室裡就炸開了。這一群大男人，有義憤填膺的，

有泣下沾襟的，有垂手頓足的，有長吁短歎的，各種情緒就在這會議室內迴盪著⋯⋯

當工地的民工們收到了炸路的命令，個個目瞪口呆⋯⋯多少人的生命鋪墊在這路上，如今這條鐵路就這樣要為抗戰犧牲了。

這條修建於國難當頭的鐵路，穿越橫斷山脈，跨過瀾滄江、南汀河等，一路上可謂是披荊斬棘，共開鑿了四十三條隧道，經過七十六條河流，架橋二百多座。這條鐵路彙集了全國數萬最優秀的鐵路工程技術人員的心血，三十多萬民工的辛勞奮戰，約十萬人傷亡的代價，費時已經三年之久。眼看就要全線鋪軌成功的時刻，為了不讓日本侵略者包抄進川，就要被自己親手炸掉。這讓多少人流淚泣血呀！

用生命、鮮血、智慧和汗水凝結而成的滇緬鐵路眼看就要被炸掉了，每個修築這條鐵路的人，從總指揮杜鎮遠到所有的工程師，從民工到鄉親，大家的心都在流血，在流淚。蔣介石似乎感受到了工程人員和雲南省當局那份不情願的心情，就調令軍事委員會做出行動，硬是徵召了八百民工加入了破路隊伍。這條幾個月前還是熱火朝天日夜趕工的鐵路，完全地、澈底地貫入了死氣沉沉肅殺的氣氛。

那一天，天氣昏暗得好像就要坍塌下來一樣。當各工地段一切就緒之後，指揮部中的所有人都在默哀，突然命令一下，那些拿著炸彈引爆器的工人們大聲號叫一聲：「別了！我們雲南人的夢！」就狠狠地拉下了閘。他們拉閘的那一刻大家的心都碎了，

淚奔如流。

轟隆隆！轟隆隆！這連續的爆炸聲響起，「滇緬鐵路」的橋樑與陸基化成了碎片，炸開了所有築路人的心，在他們心裡硬生生地炸開了一個血淋淋的巨大的傷口。

悲傷、激憤、失望情緒蔓延在鐵路全線，每條隧道、每座橋墩、每寸鐵軌都凝聚了築路者的心血，他們憤恨日本侵略者，他們憤慨英國人為了自己的利益反反覆覆的態度，他們哀怨印度人為了自己的利益不去戰鬥還拉英國人的後腿，他們恨民國政府殺敵不利。他們如同奔流的河水一樣哭泣著，哭政府之無能，哭民族之不幸。

滇緬鐵路從此消失在歷史的洪流中，淹沒了一段可歌可泣的偉大工程。從始至今，這條鐵路從來沒有出現在地圖上，甚至連一條虛線也不曾留下過。

這時，杜鎮遠雖遠在百里之外的其他工地上，但他聽到了來自心底的轟炸聲，他摘下了帽子低下頭為國家、為民族、為修築這條鐵路而犧牲的十萬餘人深深默哀！

這條鐵路在杜鎮遠的心中永遠地留下了難以癒合的傷口。

①
②
③

①現今殘存祿豐的
　滇緬鐵路橋
②現今殘存的滇緬
　鐵路橋
③現今殘存的滇緬
　鐵路隧道

十一、沒有句號的鐵路

滇緬鐵路東段因距戰火尚有距離，沒有被破壞。此後日軍受阻於怒江，滇緬鐵路東段得以保留。

而西線則已灰飛煙滅在歷史的長河之中。

滇緬鐵路已經被後人忘記，只留下了荒草與雜樹遮沒了的破爛路段和青苔滿布的橋墩。

如今，這條沒有句號的偉大鐵路工程，已經時隔七十多年，過去了三代人，早已被人們忘記。很少還有人留意這段歷史，很少還有人記得修築鐵路的人，很少還有人悼念因修築這條鐵路死去的亡魂。

這條鐵路也是杜鎮遠到生命的最後仍放不下的一段往事，是他帶進天國的痛。

在滇緬鐵路夭折後，張群曾力邀杜鎮遠出任四川建設廳長一職，被杜工以因鍾情於鐵路事業，力辭不就。

粵漢鐵路

　　還沒從滇緬鐵路的傷痛中恢復過來的杜鎮遠，很快就接到了另一項新任務：1942年10月，杜鎮遠擔任粵漢鐵路局局長，這次的任務是修復粵漢鐵路。

　　粵漢鐵路，自武漢至廣州，現京廣鐵路的前身，這也是一條多災多難的鐵路，從1898年開始籌建，直到1936年才修畢。近四十年的修建，終於完成了這一貫穿中國南北的重要道路。

　　就在這條鐵路剛通車沒有多久，抗日戰爭就打響了。

　　在抗戰時期，這條鐵路可以稱為「抗戰之命脈」。

　　從武漢會戰期間說起，當時就有二千多列軍車，其運輸過來的軍用物品足夠武漢的局面多撐一年以上。直到武漢的形勢緊張，日軍不斷地轟炸鐵路，但鐵路員工卻不依不饒地本著隨炸隨修的原則，始終保持行車不致全線中斷。

　　就這樣一直到第三次長沙會戰之後，粵漢鐵路才失去了運行能力。

　　杜鎮遠就是在這時接手了粵漢鐵路的管理，那些跟隨他從滇緬鐵路過來的鐵路技術人員不用任何命令就立即趕到衡陽的鐵路局總部開始了工作。

　　他們剛到達不久，杜鎮遠就發現了一種奇怪現象：這裡鐵路員司和工人的待遇不同，那是舊時留下來的藉以分類的習慣。

路徽，員司是圓形的，工人是方形的；制服也有著不同，員司是發呢子的，工人只發布的。這些不平等的待遇給員司和工人劃分出了一條界限，使工人受到低人一等的壓抑感。因此，杜工令有關部門更改此例，並指出：「工人與員司在路徽與制服上均一對待，一視同仁。」因此，粵漢鐵路的所有職工路徽均是圓形，制服統一派發呢子料。這使許多工人們很開心。

在1944年、1945年間，日軍占長沙，陷衡陽，粵漢鐵路局暫時遷往坪石。約兩萬工作人員撤往汝城、長汀及重慶等地方，杜鎮遠知道當下物價飛漲，員工的生活都很拮据。杜鎮遠將這事當成大事來抓，他四方奔馳，開源節流，一邊在湖南舉辦員工訓練班，一邊教育全線鐵路員工準備參加抗戰。

小吳是個很陽光、很隨和的小夥子，他的工作地段離杜鎮遠家不是很遠，因此杜鎮遠上班下班總是能見到他笑著向他行禮，大家都這麼習以為常地過了好些日子。

可是有幾天沒見到他，杜鎮遠覺得奇怪，就問司機：「老高，怎麼這些日子沒見到小吳呀？他調去了哪裡了？」

老高心裡一愣，他思索了一下說：「杜局長，您還不知道吧，前些日子這工程段出了意外，小吳和老魯因為在幹活時沒留意，一輛巡路車沒有拉好閘，順著鐵軌極速溜滑了過來，他們兩人未來得及躲閃就同時被撞了。老魯還好只是鎖骨裂了，小吳就慘了，一條腿被碾了過去斷成了兩節，一直都在家中休息呢。」

聽了後，杜鎮遠久久地沒有出聲。他知道這些傷殘員工，

局裡是沒有規章制度承擔賠償撫卹的。他叫老高將車開到小吳的家，他看見了小吳，他的臉上再也沒有了昔日的微笑。

小吳輕聲地叫道：「杜局長，您怎麼到這兒來了？」

小吳的媽媽滿聲的哭腔說著：「小吳的父親過世很早，家裡就靠小吳一個人掙錢養家，如今他這樣，恐怕以後再也不能工作了，以後這個家怎麼辦？」

小吳拉了好幾次吳媽媽，但無奈他媽媽還是不停地絮絮叨叨著說個不停。

杜鎮遠拍了拍小吳的手說：「情況我都瞭解了，你好好休息，以後我會找個崗位安排你的，不要擔心。」

說罷他站了起來，他高大魁梧的個頭似乎為吳家撐住了一片天。

那時，沒有勞保，沒有保險，所有人都是在沒保障的情況下的工作，一旦發生了傷亡，職工的生活一定會發生困難。為了解決這個問題，他設立了「建勳公賻金」。對有傷亡的職工或家屬，給予一定的經濟補助和撫卹。

他的這些舉措在當時是開創性的，直接使粵漢鐵路員工受益，這很受工人們的讚賞和歡迎。這些後來直接被浙贛、湘桂路局所效仿。

他也破除了許多以前鐵路上的陋習。

那時，粵漢鐵路的風氣十分不好，包商行賄送禮已成了司空見慣。杜鎮遠的部下接二連三被傳出某某某一夜暴富，某某某出

手闊綽，誰誰又娶了姨太太，誰誰又買了別院。民國政府是從根上都腐爛了，所以對於這些陋習，杜鎮遠只有歎息，他知道社會的風氣已經敗壞，個人的能力是不可能阻止這些毒瘤的蔓延。他唯一可以做的就是做好他自己，只有做好自己才能去影響他周遭那些良心未眠的同僚們。

他在辦公室以及能有影響的地方都貼上了標語，比如：清正廉明常自勉，風花雪月不關心，橫批的門楣是「清風閣」。在他的帶領下一批正直的知識份子，的確是鐵路戰線上的一股清風，備受他人的稱讚。

「小黃，你的英語很好，請你將這份粵漢鐵路早年和英國訂的這份合同給翻成中文，我要讓中層以上的幹部都可以看到。」

小黃接下任務時有些膽戰心驚，生怕翻得不好。杜鎮遠似乎看出他的猶豫，就說：「沒關係，你翻譯完，我來給你核對。不要擔心，年輕人在多方面都要歷練，對不對？」

他總是給年輕人機會，讓他們在工作中學會更多的東西。

杜鎮遠對年輕人有著特別的關懷；他自己的孩子眾多，還經常帶些年輕人到家中來做客。他家中其實也不富裕，粗茶淡飯地招呼著很多人。寶蘭會做湖北泡菜，凡是來家做客的人都對泡菜讚口不絕。其實那些都是蘿蔔皮、白菜幫等醃製而成的，不是什麼稀罕東西，但卻十分美味下飯，很受年輕人的喜愛。

杜鎮遠在工作上、學習上、生活上，無不關懷著這些後起之秀，幫他們尋找職業方向，保送他們去進修學習。重辦扶輪中

學並開設高中教育和英語課程。只要是有學習志向的年輕人他都會不遺餘力地去勸說他們尋找合適的機會去學習。他的信念很簡單：知識能夠使自己強大，國家需要有知識的人去建設。

鐵路上都流傳著，杜工是個覓才愛才、大膽任用的局長。

1945年1月，樂昌失守，粵漢鐵路在日軍的轟炸下，全線淪陷。

杜鎮遠奉中央電召，由長汀飛往昆明轉渝（重慶）述職。

1945年5月，國民黨在渝召開第六次全國代表大會，杜鎮遠增補為中央執行委員。

1945年8月，日本投降，抗戰勝利。杜鎮遠兼任廣東區特派員，接收道路、郵局、航行及電力等要政。

1945年年底，杜鎮遠奉令重建粵漢鐵路。

修復粵漢鐵路

面對被日寇炸得七零八碎的鐵路，他心潮起伏，十分憤怒。

為什麼我們的國家要被人蹂躪？為什麼我們家大、業大、人多、資源多的祖國要面對他人的掠奪而無力反抗？

他想著他修築的那麼多條鐵路，都成了戰爭的陪葬品。還要再繼續嗎？為了這些鐵路他已經用盡了自己的所有精力，可是幾乎沒有一條能留在如今的地圖上。他甩了甩頭：國弱如羔羊，國家正在被人宰割，但我們人不能做待宰的羔羊，我們要做自強的中國人。杜鎮遠給自己打氣！我不能在這個時刻停擺，國家現在

需要我。

對！不能氣餒，敵人越不想我們強大，我們就越要強大！敵人越不想我們建設，我們就越要更好地建設！敵人越不想我們擁有自己的交通通道，我們就越要有不妥協的精神。你炸我就修！你毀壞一寸，我們就要多修一尺！對於搞技術的工作者來說，就是要鞠躬盡瘁地戰鬥在自己的工作崗位上，為自己的國家貢獻出每一分力量！

想到這裡，他即刻叫來局裡負責宣傳的科長，將自己的想法告之，並吩咐道：「明天我就要在所有的工作段看到這些鼓勵人的標語，主題為『還我粵漢』。」

杜鎮遠站在後面的山坡上望向那一段段好似毛毛蟲般的醜陋路線，心中真的很痛，這是鐵路嗎？全世界還能有比這條鐵路更面目不堪的工程嗎？他仰著頭看著那連風都吹不動的低低矮矮灰色的烏雲，猶如他的心情，他深深地歎了口氣。

要知道在打仗時，粵漢鐵路是敵我雙方爭奪和利用的重要交通線路，在戰爭中不但被日寇破壞，也曾被國軍破壞過，這些都拜日寇的侵略所賜。國軍甚至將一段段鐵路拆除，化路為田。而日本人也曾想修復那一段段的鐵路，他們東拼西湊地聚集各種雜牌鋼軌，連成軍用輕便鐵路，以便運輸他們侵華的軍用物資。那些醜陋的鐵路隨坡而彎，隨溝而轉。看看那坡度起伏，那彎度銳角，根本沒有任何技術水準，那彎彎曲曲的鐵路極不規則、極不規範。

在開會時，他仍舊反覆強調：「就地取材，積極搶修，我們鐵路人就是沒有帶槍的戰士，不管多麼艱難，我們都要堅守在我們的崗位上。」

在搶修的過程中，杜鎮遠親自帶領著所有的鐵路工作人員不惜生命隨軍進退，忽而拆軌，忽而鋪軌，拚命奮戰在鐵道的第一線上。正是這些鐵路人的堅持，才保證運輸的通暢，為抗日戰爭貢獻了他們的力量。

修復鐵路的工作如火如荼地展開了，困難雖然很多，但要一個一個地去解決。

早在抗戰槍聲剛打響時交通部就責令鐵道各局要做好備戰的修築，所以杜鎮遠領導的鐵路局在那時期修築的各鐵路大橋的橋墩和橋臺的適當位置預先鑿成藥室，在軍隊撤退時作為放炸藥的孔穴。這樣當橋樑被炸時，鋼樑被毀而橋墩則可以保留，以便將來復修之用。杜工可謂絞盡腦汁、用心良苦。

本著我們的鐵路不能為侵略者所用的信念，在漳河橋的便道上，工人們在杜工親自督視下，將大批車輛用機車推送，將大批的車輛推下三十多米深的河中。寧可毀掉，也不讓敵軍所用！大家默默地站在那裡揮淚目睹國家的寶貴財產毀於一旦。這筆帳當然要算在日本侵略者的頭上，假以時日必要他們償還！

在鐵路上的工作，一是參與的人數眾多，二是不完全為體力性質，所以要不斷地培訓。培訓技術工種，培訓鐵路的基本常識，因為稍有差池，就會發生傷亡事件。

　　杜工做事認真、負責，親力親為，不管多忙，對於具體技術業務的工作，都要親自督查，以免發生列車運行中的意外，減少人員的傷亡。

　　杜鎮遠在巡視各場地時，一再強調要安全第一。但說起來有些令人唏噓的事還是發生了，因為有些工人不瞭解杜工的工作作風，也從沒見過以前的局長親臨工地，所以見到杜工來檢查工地的時候，工作有些緊張和拘謹。

　　有一次粵漢鐵路小溪橋正在進行修復工程，杜工過來檢查工作；當詳細瞭解工程安排落實的情況後，就去工地看看。在橋頭的路基上，看見機務段派來的軌道吊車沒有運行，裝載鋼板樑的車輛還停在路基上。

　　他皺了皺眉毛，強調著：「我們要和時間競賽，運鋼板樑車輛需要周轉，你看應該怎麼辦？」他望向一旁的工程負責人。

　　吊車啟動了，那是一位工作多年的老司機在操作著，他們一群人站在不遠處看著。那吊車將一片鋼板從車上吊起，突然，吊機發生傾倒，眼看著就要倒在路基邊的路基上。兩名吊機助手正站在鋼板上，逃避不及而首當其衝地被吊機的主桿打中。

　　杜鎮遠大叫：「趕快叫工地醫生，搶救！」

　　工地醫生趕到現場時，那兩名工人早已死亡。而吊車司機也因擠壓受傷，因無法進行搶救而死亡。

　　事故發生後，杜局長非常悲痛，歎息不止。馬上成立了事故調查組，以杜絕再次發生類似事件。他親自過問處理善後和

慰問家屬，對橋樑工程進展的安排做了必要的指示，之後才回去總部。

鐵路工作者們團結一心，懷著共同的信念：盡快修復粵漢鐵路。

1946年1月1日粵漢鐵路正式動工，3月1日復路通車至長沙，5月1日復路通車至韶關，7月1日復路通車至廣州。

國民政府獎勵復路有功人員，頒授杜鎮遠三等錦星勳章一枚。

廣三線，這是一條很短的鐵路，約有五十公里長。別看就是這麼短的一條鐵路，但因為路經富饒的地區，每天都有十幾列火車來往運送數以萬計的乘客。所以，這條鐵路對廣東省來說是非常重要的一段。

杜鎮遠很重視這條鐵路，還安排下屬解決了民眾因不方便搭車而開通廣三線渡輪服務，從而保障了民眾的安全通行。

1946年9月1日廣三線通車，3日湘江煤礦支線通車。

在修復這條粵海鐵路時，沿途經常可以看到他的身影。

在杜工的帶領下，以及大家的努力下，1946年年底粵漢鐵路全線通車，車速達到了50公里／小時。

白楊支線

搶修這條支線，是杜鎮遠接受粵漢鐵路局長任命後當大事來抓的一個項目。

那時，粵北嚴重缺煤，但湘南楊梅山煤礦所生產的煤卻運不出去，造成了積壓。經鐵道部指示：修建一條專運煤炭的支線。

白楊支線雖不長，但地處山巒重疊的山區，溝壑縱橫，若按照鐵道部要求的時間完成修築實在不是一個容易的事。經過踏探，修訂了修築方案，這條支線需要修四座橋樑和一條隧道。工作量大，物資奇缺，杜鎮遠早已對這種情況習以為常，他兵來將擋，應付自如。

第二支段的支段長報告：「水泥用罄。」

「用石灰砂漿代替。」杜鎮遠答道。

「配兌時注意用量，使用時注意勘測品質。」他又交代說。

「重型鋼軌沒有到位。」工段總長報告。

「採用三十五磅輕軌。」杜鎮遠決定。

「道床石渣用罄。」李工程師報告說。

「叫工程部多方面地計算，用夯砸實土方，先做土道床是否可行。」杜鎮遠命令。

「修橋的鋼樑不夠用了。」修橋樑的老魯彙報。

「現有的鋼樑可以修幾座橋？」杜工問道。

老魯說：「只夠修一座。」

杜工沉思了一下，決定：「請計算一下是否可以用木料垛成木便橋。」

杜鎮遠每天都是在要做出這樣或那樣的工作決定中度過。他又要反覆審核報上來的數字，因為這條支線要能超負荷地行駛

四十噸的貨車運煤，不能有分毫的差池。他不但在辦公室中忙得不可開交，還要定期到現場仔細地檢查。每次他親臨現場時，都會遇到技術員或工人們的問題，他不厭其煩地聆聽和回答。

「杜局長，您看看這條涵洞，圖紙是這個數字，可是與標準不同……。」

「杜局長，這段路軌表面不平……。」

「杜局長……。」

他現場回答問題，解決問題。

大家看到這本應是高高在上的局長，卻是這樣地平易近人。見到他辦事認真、嚴謹，雷厲風行、吃苦耐勞、身體力行的工作作風，使員工們深受感動和鼓舞，幹勁就更大了，僅用了四個月就完成了修築。這在當時可以說又創了個奇蹟。

粵北地區煤炭奇缺的問題解決了。

「藏」軌

武漢、廣州被侵占後，日寇時時刻刻地想侵占粵漢鐵路沿線。粵漢鐵路局由武漢撤退後就遷到了衡陽江東岸苗圃。日本人不斷地從湘鄂交界處向南侵犯，夏秋時節更是猖狂。

有情報告知日軍又將大舉進犯粵漢鐵路，杜鎮遠不顧危險，沿線動員員工要做好準備，他用擴聲器不斷大聲地沿路喊話：「日寇近日要襲擊我們粵漢鐵路，這次襲擊不同往日，日軍是要拿下我們鐵路全線。我們既要做好在鐵路線上迎戰的準備，又要

做好撤退的思想準備。在日軍打到時，大家要離開鐵路迅速避到鄉下去。今天我們的任務是在日軍進犯前，把日軍可能侵犯的地方把鐵軌拆除。任務又緊又急，只有一天的時間。大家要保持警惕、注意安全。」

這是一個爭分奪秒的任務，全體鐵路員工團結一心，立即趕往了第一線。

緊接著，杜鎮遠召開了高層會議，他向與會者說：「日本人想搶我們的鐵路，這些拆下來的路軌，不能流落到日本人手裡，有朝一日我們還會修復回來。所以，我們所拆下來的路軌要藏起來。大家集思廣益，怎樣藏？」

大家你一言我一語地討論時，杜工做了總結：「我有個想法，你們聽看看，是否行得通？我們從湘桂鐵路大溶江站，趕修一條長達兩公里的岔線，將湖北拆下來的路軌運到那裡，用一個星期修築就可以開通。那裡有一片樹林，可以將岔線的路軌藏到樹林裡。這是我踏探湘桂鐵路時曾留意過那個地區的特殊性。」

大家馬上翻開地圖查看，老蔣突然說：「杜工，那裡是隸屬桂林工務段，不屬於我們粵漢鐵路管轄。」

「是呀，我知道。咱們馬上兩條腿走路。李工，你帶兩個人從正常途徑與他們談判。我會聯繫桂林工務段段長，他是我的校友。」

在日寇強敵面前，在鐵路第一線的工作者們都明白互相支援是很重要的。就這樣，沒用一週，岔路就開通使用了。鐵路

工作者們將從前線拆下來的軌料源源不斷輸送到了這個較為隱蔽的地方。

　　他們這樣做都明白一個道理，那就是：一旦將日寇趕出去，我們修復粵漢鐵路還用得著這些物料。

　　1947年1月15日，粵漢鐵路涤河大橋修復竣工。

　　……

　　歷史簿上一筆筆記錄著杜鎮遠和鐵路員工們的成績。

衡陽鐵路工人大罷工

　　1946年3月，杜鎮遠又被任命為衡陽鐵路局局長，主管粵漢、廣九、廣三及海南鐵路。

　　當消息傳到衡陽鐵路局時，人們就開始打探這位新局長是何許人。有人說是那位剛完成滇緬鐵路的局長，有人說是西祥公路的局長。大家都翹首以盼新局長的到任，希望新局長能帶給衡陽鐵路局一些新的風氣。

　　衡陽一直陰雨綿綿，深秋的風漸漸地帶來了陣陣寒意，似乎冬天要來的節奏越來越快。當時是抗戰後重建的最艱苦的時期，衡陽鐵路局的職工子弟多數失學在家，生活非常困難。杜鎮遠就任之後的口號就是「百業待興，教育先行」。就在這年的秋年，衡陽市扶輪小學正式復課了。

　　一般人看，有那麼多的大事要優先辦理，就算是辦公室還沒有修復的情況下，就優先開始了修建衡陽扶倫中學，有些納悶。沒想到的是，擔任工程施工的卻是還未遣送回國的日本兵。這些往日在中國人面前稱王稱霸的日本兵，老老實實聽從指揮日夜施工。在鑪平的獅子嶺上修建了十幾個班級的課室，及兩棟教師宿舍，將職工子弟納入培訓之列，做出長遠規劃。

　　鐵路上接二連三發生小孩子因沿著鐵道撿煤塊而被火車撞死的意外事故，這令杜鎮遠十分生氣。他一而再、再而三地和護

路人員開會，反覆地強調著：「要在保護鐵道的同時保護人身安全，這才是重中之重。」

　　小彩雲只有六歲多，每天都挎著個籃子跟在一群大孩子後面沿著鐵道撿著煤塊，她知道家裡冬天取暖就靠這些煤塊了，否則就會受凍。她沒有大孩子膽大，大些的孩子可以用長木條，或樹枝直接從火車上鉤下些煤塊，然後大家蜂擁上前去搶。小彩雲只是在大孩子們挑剩下的地方找些還可以用的煤塊或煤渣。她天天都是這樣在鐵道上走著。

　　彩雲的家裡孩子很多，爸爸有時會拉一拉人力車，但多數的時間都是在和鄰居聊天、下棋、打麻將。主要靠彩雲兩個哥哥在工作，養活全家。一家人過著入不敷出的生活，爸爸手氣不順時還要借債度日。媽媽一個人操持著家中的大小事務，每天都非常忙。小彩雲從三歲開始就為了幫助家裡做家務，春夏天賣花，秋冬天撿煤塊。算一算她對撿煤塊這事，也不是個新手了，所以有時候，她比那些大孩子還要撿得多。

　　那天，天色已晚，她因為沒能撿到足夠的煤塊，仍行走在鐵路線上低著頭找著能夠用的煤塊。她已經很累，神情落寞漂浮，根本沒有聽到遠處火車的鳴笛。當她看到火車頭的那道強烈的燈光時，就愣住了，腳死死地粘在鐵道上，腦中就出現了一片空白。說時遲那時快，一聲長長的刺耳的刹車聲還沒響完，小彩雲就不見了。

　　當司機停下車走了下來查看時，大吃一驚：「報告車務段，

XX號列車彙報，彙報！」他幾乎是歇斯底里地叫道。

「XX號請講。」那邊傳來了一個清晰的女聲。

「列車好像撞到人了。」

「請別著急，我馬上安排後面的信號，讓後面的列車改由岔道行駛，並馬上派人趕去你的位置，請報告準確位置。」接著又重複一句：「請報告準確的位置。」

當小彩雲被抬出來時，已經沒有了氣息。大家很是憤怒，所有的不滿情緒蓄勢待發。那時候，衡陽的物價飆漲得屬害，上午一個價到了下午就又是一個價，一日數漲。市面上的所有東西都被搶得精光。

這種情況令民眾苦不堪言。別說彩雲家這樣的貧苦人家了，就連杜局長家裡的清茶淡飯都不能很好地維持。

就在這個度日如年的時刻，小彩雲的死直接引發了鐵路工人的不滿。衡陽鐵路工人在共產黨的領導下，多次要求當局發給年終雙薪及發清元月份的欠薪。可是發工資並不是鐵路局可以控制的事情，這幾千人的工資，不是說發就能發的。他們要等上面的款項匯到鐵路局後，才有錢發下去。可是工人們並不清楚具體情況，他們就是要打到萬惡的資本家。

杜鎮遠自問是讀書人，是技術人，並不是什麼資本家，他和工人解釋：「鐵路系統是國家的企業，工資並不是我杜鎮遠發給大家的，是政府撥過款項來，由我們的財務科發給大家的。你們的老闆並不是我，是政府。」

　　但是，工人們根本聽不進去這些話，他們打出「反飢餓，反迫害，年關索雙薪」大大的標語，舉行了鐵路大罷工，而且在全國起了帶頭作用！

　　罷工的工人們強行占據行車室，通知站長不准發車；接著數百工人在車站內臥軌，用身體阻止車輛通行。

　　他們包圍了局長府邸，軟禁了杜鎮遠一家，天天在外面喊口號，扔石頭，敲破鍋盆，嚇得寶蘭和孩子們躲在屋子裡不敢出來。眼看著家中斷了糧，他們只有熬稀粥，吃鹹菜。保姆劉媽看到孩子們餓得直叫，要出門買些東西，可是工人們堵住她，不予以放行。杜鎮遠唯一可以聯繫的就是一部單線電話，那是平時給寶蘭用的，只能打往他自己的辦公室。他坐下後耐心地撥了出去，沒有人接。他就一遍又一遍地撥打，撥了幾天後，終於聽到了他的副官接聽了電話。

　　他深深地喘了口氣說：「這部電話是你們和我聯繫的唯一途徑，你先告訴我工人那邊怎麼樣了？恢復通車了嗎？」

　　他一連問了幾個問題，那邊一一回答著。

　　「好，請你以我的名義給交通部發電，告訴他們粵漢鐵路連日的工人罷工造成巨大的經濟損失，請求早日將款項撥過來。」

　　當他放下電話，看到寶蘭那雙帶著淚水的眼睛時，才醒悟到為什麼只想著工作，而沒將家中斷糧的消息傳出去。

　　他伸手撫摸著寶蘭的頭髮，低聲說了句：「對不起，下次他們來電話時，我一定請求支援。」

這時罷工風暴越演越烈，機車汽笛長鳴，六千多名鐵路工人從四面八方湧向衡陽鐵路工會和衡陽火車站，各部門開始了大罷工。此外，還通過情報線，通知衡陽鐵路局所轄南至郴州、北至長沙各大站的職工，一起罷工。衡陽粵漢鐵路各站、段、廠全體路工，按事先約定的信號用汽笛長鳴，郴州、耒陽、衡山、長沙等大站的鐵路工人也同時罷工。

杜工家的生活窘況很快就被一些工人們知道了，小吳帶著另一批工人在夜裡就向院子裡扔來了糧食和蔬菜。每天劉媽早早地起床，滿院子裡找著人們投進來的東西，這令杜家很是感動。他們在心裡向這群陌生的工人們致謝，如果沒有他們悄悄地接濟，他們可能會面對更困難的局面。

桌上那個專線電話突然響起：「報告杜局長，上面的款項仍未到，但答應我們將盡快發來。另外，民國政府已經發布命令：全鐵路線上的護路隊都已按照指示集結完畢，已經占領了衡陽車站的最高地段，等候您的命令就可以開槍了。上面的指示是，若工人仍不肯停止罷工就用武力解決！警務處、衡陽警備司令部，在車站對面山上及月臺兩端、候車室等處架設機關槍，威脅著工人們。」

「我不同意動用武力，他們要我出去我就出去再和他們談談。」杜鎮遠嚴肅地說。

「您不能這樣做，要知道這樣的風險非常大，有可能您的性命不保。」副官聽罷大叫。

　　「我不怕，現在我命令你立即去安排和工人代表見面的時間。記住不要派護路隊來保護我，我自己從家中走出去。」杜鎮遠冷靜地說道。

　　副官安排好見面的時間後就通知了杜鎮遠。其實，他也悄悄地通知了護路隊：若有對杜局不利的情況時，先用擴音器喊話，喊話無效時可以考慮開搶。

　　當寶蘭和孩子們知道杜工要出去談判時，全都擔心不已。才一歲的小女兒大聲地哭了起來，大家知道他這一出去就有可能回不來。

　　寶蘭淚眼朦朧地望著他，他在寶蘭的嘴上輕輕地親了一下：「沒事，沒事的，我會掌控全域的。」

　　他拍了怕寶蘭的肩膀，轉身大步走了出去。

　　杜工穿戴整齊，就像以前去上班一樣直奔辦公室，一路上看到許多工人們都手提大木棒，但他們見到杜鎮遠氣定神閒地出了局長府邸時，都為他那不怒而威的氣勢屏住了呼吸，沒有對他做出任何過分的舉動。

　　當然沒錢去解決問題，一定會被工人們說是沒有誠意，這是杜鎮遠一早就明白的事情。

　　所以，杜工就問：「那我需要怎樣做你們才肯復工？」

　　聰明的他接著又說：「雖然上面已經讓我用武力解決這場罷工，但我不會服從，因為抗日的戰爭剛打完，我不願意自己人要去傷害自己人。尤其是我的部下，我會盡可能保護我的部下，不

會去傷害你們。若果我有能力，我會發給你們應得的工資，但請恕我沒有資格扣你們的工資，也沒有能力發給你們要求的雙薪。因為那是政府的事情。」

說完他沉默了一下，又用他特有的聲音鄭重地說：「如果你們需要一個臺階下的話，我想我的辭職是個最好的選擇，我一個人受傷害總比你們那麼多人受傷害要好得多。」

說罷，他毫不猶豫地立即寫下了辭呈，並要副官立即拿到電報室，向交通部呈遞。

轉頭他又命令道：「讓護路隊的員工回到自己的崗位上去吧。」

他胸懷坦然地走向自己的辦公室，沒有開槍鎮壓工人，用自己的辭職結束了這場風波，也使他放下了重負。人生在世，所做的決定多不勝數，他自認為這次的決定是非常正確的。

雖然後來杜鎮遠又被任命為「武漢長江大橋籌建委員會」的技術委員會主任委員，但他還是決定，辭職後先去香港好好調養身心。

去香港養病

　　辭去粵漢鐵路局局長一職後，不願意當官的杜鎮遠曾面對各種工作的邀請。但那些都不能提起他的興趣，全部被他一一婉拒了。他長年在鐵路第一線的工作上奮戰，使他的身體超負荷運作，積勞成疾。加上他雖身為國民黨中央候補委員和國民黨國大代表（代表席次：1961），卻早已看不慣國民黨政府的貪污腐化。以他耿直之秉性，不喜人云我云，對看不慣的事情也絕不苟合附和。所以，他決定遠去香港養病。

　　在上海交大讀書的大女兒也不例外，全家都一起走。

　　那時候大女兒乃斯已經改用了大名杜崇慧，她因幫助同一宿舍的共產黨地下工作者逃脫，正受著民國政府特務機構的監視。當杜公說全家不分開一起走時，就立即放下學業隨著去了香港。杜公的手下也有去臺灣的，也曾力勸他去臺灣，被杜公拒絕。

　　1940年代的香港，英國的殖民地，當地以粵語為主要語言。對於北方人來說，好像是在聽外星語言，對於杜鎮遠來說其實用英文就可以了，這語言的隔閡對於寶蘭和孩子們來說就沒有那麼容易了。

　　首先，他要買個住處，其次安排孩子們讀書，其他的事可以慢慢地進行。他在鐵路上幹了幾十年局長，仍舊兩袖清風沒有什麼積蓄。這在國民黨的幹部中實在是罕見的。他先在大坑道買了

一個小房子，但由於家中孩子眾多不夠住，所以又在九龍的鑽石山買了院子。從此這個院子就成了眾多年輕人的聚集地，他們每週都會聚兩三次，談著將來，談著理想。

有時候這幫年輕人還為當下的時局憂心忡忡，唉聲歎氣，無所適從。每當杜公發現這幫孩子們有負面情緒的時候，他總是教導和鼓勵年輕人以獻身國家建設為重。當有幾個年輕人有出國留學想法的時候，他更是分外關懷，告訴這些年輕人完成學業後要回國做貢獻。還為這些孩子做擔保，並借錢給他們。杜公從來都是不遺餘力地幫助年輕人讀書深造的。

在那個小院裡，杜公和寶蘭經常招待從內地來香港討生活的年輕人。寶蘭默默地將茶水、小吃遞上，家中較大的四個孩子和那些年輕人一起海闊天空地聊著，杜公走過來也和這些年輕人暢談起來，同時不忘教導他們，要正確對待自己的成績和缺點，只有這樣才能進步。

他有一個比喻令人記憶深刻，他說：「將自己的成績裝在一個褡褳的口袋裡放在前面，自己可以看到，別人也看得到；缺點放在背後一個袋中，自己看不到，以為別人也看不到。可是別人既可看到你的前面的成績，也可看到你背後的缺點。這就是我們所說的『當局者迷，旁觀者清』。所以說你們應該將裝著成績和裝缺點的褡褳口袋經常調換，這樣既能讓自己看到自己的優點也能看清自己的缺點。認清了自己才能進步，你們說對不對？」

那時候經常有日本人在英皇道上，肆無忌憚、耀武揚威地騎

著馬橫衝直撞地走著，孩子們過馬路時，常常會被撞到。有一天杜公排行第六的女兒放學回家，就因為過馬路時慢了一步，被呼嘯而過的日本軍用吉普車撞倒，然而那些日本鬼子理都不理就徑直開走了。在旁的一眾人一邊連聲罵著這種禽獸行為的日寇，一邊慌亂地把她抬進了醫院。到了晚間，家人才覺得不對勁，寶蘭急忙沿著放學的路徑去尋找，幸好有開店鋪的人知道有個小女孩下午被軍車撞了，她趕快去了醫院尋找，才發現小六正在病床上哭泣。

杜公和大女兒一起跑到醫院，醫生告訴他們：「是腦震盪。休息一下應該就沒有問題。」大家悶聲坐在一起，心中都暗暗罵起可惡的日本狂徒。他們都搬到了香港，還會發生這樣的事！

一輩子都在鐵路上忙碌著的杜鎮遠，這時才有機會和家人同享天倫之樂。正因他太忙了，就連孩子的名字都沒有時間去想，於是這個責任就落在大女兒乃斯的身上。她每送一個妹妹去學校就取一個名字，沒想到還受到杜公的讚揚。於是她將自己的名字也改了「崇」字輩。崇慧、崇慶、崇玲、崇敏、崇和、崇平、崇婭（原本八個女孩，夭折了一個，所以就是七個）。忠恕是兒子，不在排行之列。就這樣，形成了的七星伴月的格局。

杜鎮遠本人從沒有要求妻子寶蘭要多生兒子，寶蘭卻不是這麼想，她總想再要個兒子。可是人算不如天算，追接下來卻全是女兒。

「女兒不好嗎？」杜公問寶蘭，他憐愛地望著妻子。

　　寶蘭笑著說：「打住，就此為止，不再生了。」

　　杜公笑笑說：「一切由你來做主。」

　　幾個月的醫病和調養，使杜公又恢復了些體力。杜公思索著總不能坐吃山空，於是積極考慮自己能做些什麼工作，這時粵漢鐵路香港辦事處向他伸出橄欖枝，但他認為不妨往其他行業試試。解放前夕，內地有很多人湧向香港，那時的香港可謂「臥虎藏龍」。杜公從未經營過商業，但他還是被別人拉著一起開始經營餐館酒樓。由於沒有經驗，所以酒樓的帳一直都是入不敷出。

　　一早，杜公穿戴整齊，就像是帶著千軍萬馬去修築鐵路一般，去了酒樓。酒樓的裝修很典雅，中國風很濃，沒有客人時還是會讓杜公覺得很舒適的。他到了酒樓的時候，正值早茶時間，他背著手東走走、西看看，總想幫些什麼忙。可是他身高馬大，常常被推著餐車的大姐們撞到。

　　「不好意思，杜經理。」

　　「喲喲，不好意思呀。」

　　大姐們左一個在道歉，右一個跟著道歉，一時間道歉聲此起彼落。他只好退讓在一旁，站在不起眼的角落裡手足無措的地不知該做些什麼。晚上回到家裡，寶蘭看到他腿上的瘀傷心痛不已。

　　「別去酒樓了，你不就是個股東嗎？哪裡有股東親臨酒樓的？你看看，哦，真是的。」寶蘭絮絮叨叨地一邊為杜公擦著藥油一邊說著。

　　杜公望了一下寶蘭說：「我幹什麼事從來就是本著『力不到不為財』的宗旨，這你是知道的。」

　　去了酒樓一兩個星期後，讓他覺得透不過氣，唉聲歎氣地說不想再去上班了。他的合夥人也從來不去酒樓，嫌亂，嫌吵，嫌髒，嫌太市民化……，這樣留洋回國的知識份子怎麼可能經營好酒樓餐館？

　　他們的廚師和廚房人員一開始還算老實，後來見到無人看管就膽大了起來，常常在廚房偷鮑魚、魚翅等高檔食材，再低價轉賣給其他酒樓，從中牟利。

　　杜公和合夥人終究堅持不住，只好賣掉酒樓。

　　他於是就找些翻譯的工作在家中做，賺一些錢來養家。所幸那個大坑道的房子還有一些租金收入。那時，別的局長做官幾年就是身纏萬貫，可是杜鎮遠則做了幾十年還是兩袖清風。這就是他與別人的不同。因為他自小立志於鐵路事業，一生都是將孫中山先生的教誨銘記於心：「為中國建設十萬英里鐵路而奮鬥！」當時中山先生的演講，詹天佑、杜鎮遠兩代人都在臺下聆聽，他們在不同時期為中國的鐵路事業的目標奮鬥著。

　　新中國成立了，他們這批流落在外的知識份子，似乎看到中國的新希望。他想起了在滇緬鐵路時，蕭素送給他的《共產主義宣言》小冊子，他翻箱倒櫃地找了出來。這位一心只在修築鐵路的技術人員開始關心起政治了，他仔細地閱讀，又去書局買了幾本相關書籍，看著，想著，研究著，思考著。

家中的三女兒看到了這些書，有些震驚。她找到大姐。

「大姐，爸爸在看這些書耶，你能看得懂嗎？都說什麼呀？」

大女兒崇慧望向三妹手中的書。

「哇！那是《資本論》耶，那可是學校中傳說的『禁書』啊！」

「來，咱快來看看這裡面到底寫的是什麼。」

大姐崇慧此時已經轉學至香港崇基學院（中文大學的前身），她深深地知道沒有人敢在大學裡提起這些書的。而父親卻在看這些書，她們也有了好奇心。她和三妹兩個人偷拿了一本書悄悄地跑到床上一起看著，你望望我，我望望你，兩個人都不理解地互相望著。

大姐說：「這書大概只有父親那樣的人看得明白。」

嘴上雖是那麼說著，但她和三妹還是繼續看著。

就是從那時開始，杜鎮遠開始接觸和研究起共產主義和社會主義的。

1949年10月1日，中華人民共和國成立了，杜鎮遠在香港認真地收聽著收音機中的廣播。他的心激動著，也在改變著。國家初建，急需人才，這點他深深地知道。他家中的小青年們都在他的勸說下，抱著理想紛紛回國去貢獻他們的力量。

杜鎮遠也在思索著，因為他知道他不比那些一張白紙的小青年，他曾任國民黨高職，又是國民黨候補中央執行委員。這樣的

身分會不會召來麻煩？他內心糾結得睡不著覺。

　　他在香港常常望著藍天長歎，用放大鏡趴在中國地圖上尋覓著哪裡可以再修建一條鐵路。祖國大地，地大物博，交通事業始終是各行各業的先鋒。新國家肯定是需要鐵路人才的，但他那過往為民國政府做事的經歷會不會不被新中國的領導人接受呢？他心中一陣一陣地攪動。他只有在夢裡也在指揮著修築大軍在搶修鐵路，他在夢裡也在解決著修築鐵路的問題，他在夢裡還在提議著他的計畫。然而眼下，不能確定他何去何從。

　　他的猶豫不是沒有理由的，因為廣播中不斷地播出國民黨高官某某被就地槍決，某某在家鄉被打死。又有很多國民黨兵撤到香港，不知道真相的香港居民也是人心惶惶。

　　年輕人是張白紙，回國參加建設是理所應當，而他呢？有著以往的包袱，能被新中國接納嗎？能被他們歡迎嗎？

　　這時逃到臺灣的國民黨政府也在派人和杜鎮遠接洽著，擬讓他去臺灣擔任鐵道部的要官。但杜公從來沒有去臺灣的打算。「那個地方能有什麼鐵路大業呢？」每當他提起這件事他總會這麼說。

　　當時雲南王龍雲在抗戰結束後被蔣介石軟禁了兩年零三個月，在飛虎隊員陳納德的幫助下逃到了香港。他住在了非富則貴的地段：淺水灣。

　　富豪雲集的淺水灣，依山面海，風景秀麗，在這裡看不到戰火的硝煙，感覺不到中環摩天大廈中的窒息，這裡是香港一個上

佳的居住地段。龍雲站在沙灘上貪婪地呼吸著這裡新鮮的、自由的空氣，雖然這空氣中夾雜著陣陣大海的鹹味，但他從中感到了自由的風。他的手插在腰上，挺著胸膛，下定決心戒掉抽了幾十年的鴉片。

　　龍雲坐在自家院子裡的搖椅上，燦爛的陽光從繁密樹葉的間隙中射了出來，若有若無的影子斑斑駁駁地灑在地上。這時的他早已被港英當局保護了起來，雖然過著深居簡出的生活，但不忘用電話與他的舊部下及老朋友聯繫。他知道杜鎮遠公一家也在香港，杜公在香港養病。他們的友誼是在修建「滇緬鐵路」時，龍雲深深地知道杜公的抱負，他們互訴著離別後的情況，不知不覺就聊了很久很久。他們聊到了魂牽夢掛的大好河山，掩飾不住心中的戀意綿綿。

　　新中國成立後不久龍雲就回國了，當時的中國百業待興，大批大批的愛國知識份子也懷著激情與壯志奔向新中國。

　　這時臺灣的國民黨政府也在通過各種管道和杜鎮遠接洽著，擬讓他去臺灣擔任鐵道部的要官。他舊時的同僚紛紛勸他去臺灣「歸隊」。杜鎮遠想都沒想就拒絕了。他就常常坐在家中仰天歎氣，他忐忑不安：若以他在國民黨中的地位，新中國會不會接納他？會不會回去後壯志未酬即被新政府秋後算帳？

　　他一面關心著新政府所帶來的翻天覆地的變化，一方面也總覺得自己的抱負尚未得到歷史的肯定。他雖然費盡一生的大部分時間千辛萬苦艱難地修築過許多條鐵路，但戰亂使得這些鐵路被

炸被毀，無一條完整地保留下來。他恨日本侵略者，恨腐敗衰弱的國民政府。

他深深地歎息：政治！政治影響著工程技術人員的前途。

自己也學成歸來有幾十年了，都在修築鐵路的第一線工作著，有知識，有抱負，身懷絕技又滿腔熱情，但就是生不逢時。

也就在這游移不定的時候，回國後的龍雲向董必武極力推薦杜鎮遠。

龍雲說：「杜先生是位難得的鐵路人才。」

董必武馬上表示：「建設祖國正缺乏有用的人才，尤其是高級技術人才。杜先生若願意回國，我們熱烈歡迎呀。」

之後又責成第四野戰軍鐵道兵司令員郭維城將軍具體負責此事。他們商討後決定派出與杜鎮遠舊同事、解放後仍留任粵漢鐵路管理局副局長的劉傳書去香港接洽。

同時，龍雲和章伯鈞部長又將杜鎮遠介紹給了財委陳雲主任，說要安排杜公回北京工作。

香港的天氣又濕又熱，劉傳書脖子汗流涔涔、氣喘噓噓地爬上了山找到杜公家的公寓。那天，杜公正在書房一邊翻譯著書籍，一邊搖著扇子。孩子們全都上學去了，院子裡靜悄悄的，只有樹上的知了在「吱吱」尖聲吵鬧著。院門是敞開著的，劉傳書兀自走了進去，杜太太正拿著籮在曬著一些乾貨。

她自言自語地說道：「什麼東西都曬不乾似的，一粘就會發黴，真是個鬼天氣。」

　　寶蘭抬眼看到走進院子的劉傳書時,露出了驚訝的神情。她曾見過他的呀,在什麼地方見過他呢?

　　她走上前去問道:「請問……」

　　她還沒有說完,那人做了自我介紹。杜太太快步走向書房,馬上告訴杜公家裡來了貴客。

　　杜鎮遠突然意識到這個舊部下一定是帶來了什麼重要的消息,連忙邀請他進了書房。杜太太端上了兩杯茶,就輕手輕腳地退了出去。

　　送走了劉傳書,杜鎮遠陷入了沉思。

　　當時,香港當局與國民黨串通一氣,百般阻撓那些擬從香港回歸中國的知識份子。杜公也數度收到過恐嚇電話,但這種做法反而使杜鎮遠堅定了回大陸的決心。既然新政府都向他伸出了友好之手,不回那片他一直渴望的大地去發揮他的一技之長,似乎有些死不瞑目。

　　做出了決斷,他心中就敞亮了。杜公興奮地和太太交代一下回國的事情,寶蘭睜著大眼睛看著他,心裡也很開心,終於可以離開這個不屬於自己家鄉的地方。她看到杜鎮遠眼中的神情,似乎一下子就年輕了十歲。寶蘭想起了不知從哪本書裡看到的一句話:「人生要有理想。嗯,沒有理想的人生,似乎就是行屍走肉。」

　　現在她看著她的丈夫那高大的身軀及興奮的臉龐,就對他說:「你放心,我這一生隨著你走南闖北,有你的地方就是我的

家。一生中搬了數不清多少次的家了，這方面我還是相當有經驗的，你不用太掛心。」她給了杜公一抹溫柔的笑。

他晚上在家裡開了一次家庭會議，說明了全家要隨他一同返回大陸。

他大女兒輕聲地說：「可以申請留下來嗎？」

「不行！」杜鎮遠突然很低沉地回答，「全家無一例外，誰也不許留下來，全部隨我回去。」

幾個大些的孩子互相望著，雖然有些不滿，但誰也不敢再出聲了。

杜公十分自信地說：「你們回國後一定都會有良好的教育，並事業有成，因為近十年或者近三十年，國家一定需要有理想有知識的人。」

他停了停又說：「你們好好地幫助你們的母親收拾物品，生活用品就不用全部帶了，但我那一書架的書都要封箱帶上，那是我的寶貝。」

他行事非常小心，只帶著他的三女兒崇慶，買了張去日本的船票，告別了家人，對外說是要去日本旅行，然後迂迴返回大陸。

杜公輾轉回到北京後，被安排分別拜會了龍雲、章伯鈞、陳雲、薄一波、滕代遠、呂正操等。

不久，他就接到了正式任命，「中國鐵道部部長辦公室顧問工程師」，這看來是個沒有實權的閒職，但仍屬高幹級別。杜鎮

遠的回歸，一是給臺灣當局一個華麗的亮相，看看著名的鐵路專家已經回來報效新政府了，二是國家的確需要人才，有了一流的人才，才能有在世界上說話的分量。杜鎮遠只是一心想著報效國家，沒有猶豫，態度堅決，愉快地接受了任命。

接下來，他的家人則隨著龍雲將軍派來的一個連經由羅湖回歸大陸。可能這動靜還是有些大了，港英政府知道了杜鎮遠舉家回大陸的消息，他們在羅湖設下關卡，以為一定能在這位做了幾十年局長者的行李中找到大量的黃金珠寶。他們搬開那些沉重的箱子，海關官員臉上露出陰沉沉的冷笑，馬上令人打開箱子，想著這些沉重的箱子裡面一定是裝滿金銀珠寶。不料一打開箱子，裡面卻都是整整齊齊的各種書籍，直翻到箱底，見到的仍是書籍！他們仍不甘心，將所有的行李全部打開查看，裡面除了書就是一些簡單的衣物，找不出一兩黃金。官員們十分失望，只好予以放行。

這些人只管翻查，卻不管東西散落一地。龍雲的手下迅速地將書籍裝箱，匆匆帶領大家出了海關。一路上寶蘭都在擔心杜公那些寶貝書籍是否損壞或丟失，到北京時見到杜鎮遠的第一句話就是：「對不起，可能箱子中的書在這次的搬家過程中有些損壞。」這是她跟隨杜公走南闖北搬家無數中最狼狽的一次。

杜公沒有多說，沒有遷怒，他微笑地一一查看著寶蘭和孩子們是否全都安好，然後非常滿意地笑了。全家一個沒少，不帶有任何遺憾，全體回歸祖國。

回歸祖國

北京，杜公闊別了這裡大半輩子，如今又回來了，舉家在紅牆根下安頓下來，南池子四號，一所清雅的四合院。院門就開在紅牆下，胡同中似乎誰也不知道這裡搬來了誰，大人們都深居在院子內，只有小孩子們在胡同裡面跳著皮筋和玩著跳格子。平時胡同裡是十分安靜的，可是出了胡同就是南河沿，向旁一拐就是長安街。那裡是中國的心臟，全國人民都嚮往的地方。

家中的孩子們都喜歡這個新家，八個孩子誰也沒有奢望過一人一間屋子，全家人住在這裡其樂融融。

杜鎮遠曾希望還能奮戰在鐵路的第一線，為新中國的鐵路事業再次做出貢獻。可是一上班他就發覺有些不同，他穿西裝打領帶，收拾整齊地去上班，辦公室裡沒有人這麼穿戴，大家就是便裝上班了，竟然有人還帶著剃鬚刀到單位的廁所裡，在眾目睽睽之下理所當然地剃著鬍鬚。他搖了搖頭，心中想著要是以前他一定會說的，現在是新中國，還是學學新氣象吧，習慣就好。

他在辦公室中仔細地閱讀著一些不大熟悉的鐵路路段情況，因為他想將全國所有的鐵路情況都分析清楚，以便能給部長一個清晰的、全面的報告。以前他有副官，會常常送上來一杯熱茶，會提醒他該吃飯了，他們都知道杜公一工作起來就會全神貫注，忘記了一切瑣碎事情。現在依然如此，一個階段下來，時常餓得

胃都痛了，還不知停下來，等他趕到食堂，食堂已經都關門休息了。後來，慢慢地他習慣了先沏一杯茶，然後上鬧鐘提醒自己吃飯的時間到了，情況才有所好轉。

他知道自己是個工作狂，為祖國建設鐵路事業的熱情從未減弱，他要抓緊時間在有生之年努力做出更多的貢獻。

不久一封急電打到了部長辦公室，西安至蘭州的鐵路幹線遇上坍方滑坡情況，鑑於杜公這方面實際經驗比較多，於是就派了杜公和「中速鐵路專家考察團」前去視察，並解決問題。那是寒冷的冬天，鐵路坍方滑坡現場冰天雪地，一眾專家們凍得瑟瑟發抖。杜公藐視地看了看一旁毫無主意的蘇聯專家，就和年輕的技術工作者一起指揮著修復這段鐵路，並囑咐做斜坡工程的技術人員怎樣修築穩固斜坡，以防再次滑坡。

杜鎮遠回國前就考慮到戰亂已經過去，國家亟待振興，鑑於他之前修築的鐵路大部分被毀，他回去後就可以繼續在需要他的崗位上發揮餘光，完成川滇、滇黔、滇緬鐵路線。因為沒有人比他更瞭解這個區域，沒有人比他更有能力、更快速地喚醒這些已經休眠的鐵路。

然而，一年過去了，國家開始進行土改運動，鐵道部中的所有技術人員都被派往各個地區說服農民進行土改。杜公也被派到了四川成都地區參加土地改革運動。他不停地學習，嘗試跟上形勢。先搞清楚土改的意義，雖然他的技術型腦袋要完全理解這種運動還須繼續努力，但他還是用他自己的理解方式完成了這個任

務，將他負責的那片區域中的金牛壩平房一所、房地一畝，捐贈給予川西抗美援朝分會。

就算還在進行土改工作時，他仍不忘研究鐵路，不久他向鐵道部提出建議：修築集二鐵路。他在建議書上詳細地規劃了這條鐵路，自內蒙古蘭察布的集甯南站至中蒙邊境的二連浩特，全長三百三十一公里，連接烏蘭巴托、莫斯科國際聯運幹線。他分析出這條鐵路的遠景，也使從北京到莫斯科的距離比經滿洲里縮短了一千一百四十一公里。這個建議很快得到了鐵道部的支援，馬上著手修建。

從四川回京後，他又開始全心撲到鑽研鐵路的修築上去了。年齡畢竟大了，在四川時，工作忙碌，食無定時，加上他沒日沒夜地工作，使他的糖尿病又開始加重。他不得不放慢工作進度，在家休病假。他是懷著滿腔的熱情積極投身於這個嶄新的、充滿活力的新社會，雖然回國後有很多的疑惑和不明白，但他早早開始虛心學習，幾乎將共產黨的書籍全部認真讀完，還在書上標示了無數的重點，並在空白處寫下了他的心得。

工作與病假不斷地輪換著，他的熱情在沒有任何新的任命中漸漸地減弱。他的生命似乎在枯萎，什麼都提不起他的熱情。養病在家的他像個教導主任，天天督促著孩子們做功課，溫習書。誰要是考了個好成績，他一定給予物質獎勵，相反必有懲罰。他那不怒而威的神情令孩子們都很怕他。

反右運動

　　1957年，反右運動開始了，鐵道部取消了所有病假、事假，要求全體人員都要參加「對學術工作的百家爭鳴」活動，領導對大家說：「工作上有什麼意見儘管提出來，我們有則改之，無則加勉。」一時之間，天天都要學習，都要討論，都要發言。杜鎮遠一開始還沒搞清楚狀況，他不明白為什麼要大家互相埋怨、互相針鋒相對、互相攻擊。他不喜歡在眾人面前不負責任地亂提意見，但隨著時間的過去，就有人對他的沉默有了意見，開始攻擊他城府太深，深藏不露，懷有不可告人之心。

　　這似乎完全攻陷了他的做人底線。不發言也是罪過？他不能理解。看來似乎不出聲是不行的了，可是發言要有理有據才行，不能信口雌黃。他是技術工程人員，不能沒有依據就亂說，他開始了沉思……

　　那天，天陰陰的，不一會兒就下起了小雨。杜公心情十分壓抑，他一如既往穿戴整齊，去鐵道部上班，當小組討論時，大家又開始調侃杜公了，有人說他「假正經」，有人說他是「不入流的傢伙」，還有人說：「那是位躺在舊政府功勞簿上的典型。」很多的人都對杜鎮遠以前的豐功偉績嗤之以鼻。雖然大家的聲音不大，但足夠讓他聽得見。他的嘴角向上挑了挑，心想：好吧，那我就順應潮流發言！他咬咬牙開始說。他當然不知道，發言的

後面等著他的是萬丈深淵。

　　下午小組會上，杜公一反常態的發了言，他先自嘲地說：
「如果我選擇不做任何不負責任的發言，似乎大家都不同意，那
好，我就說說我的觀點，不對之處還請大家指出，我虛心接受意
見。我要說的是：我國鐵路的建設是因國家地理環境而設，是經
兩代人的努力才有了今天的成績。但是，蘇聯的鐵路是窄軌，我
國是寬軌，蘇提出要兩國統一軌距，我個人認為……」他深呼了
一口氣，接著說出了自己的看法。他的發言震得一組人員目瞪口
呆。在那個中蘇友好的時代，我國政府對蘇聯政府俯首稱臣，中
國人民幾乎對蘇聯老大哥言聽計從。誰不要命了，敢在會上這麼
說？鑑於杜公這麼說，就算有人心中有些贊同，但也沒有人能在
會上這樣理直氣壯地表明立場。

　　很快鐵道部的領導就收到了這份報告，他們將這份報告分門
別類地放好了。反右運動仍然在轟轟烈烈地進行著。

　　自從那次在小組中發言了以後，由於他以前從沒有關心過政
治，也從沒有經歷過任何政治運動，他對這方面完全是零概念。
他只是感覺，人們在和他慢慢地拉開距離。他也沒在意，反正他
還是杜鎮遠。

　　他已經完全沒有心思再去看任何的技術資料，再去分析任何
資料，他一天到晚都在一遍又一遍地看著《人民日報》、《光明
日報》等各種報紙有關反右的文章，那些他以前不曾看過的文章
拚命地往腦袋中灌入。他自己總說：「跟不上就要惡補，再跟不

上形勢，將來就無法做人了。」

　　這天，他在辦公室內仍在看著報紙，腦子裡突然一片混沌……似乎有個聲音在腦中低沉地說：「然後呢？還能說什麼呢？每天都要發言呀！接下去又該說些什麼呢？和別人一樣做一些人身攻擊嗎？若不是這樣，是不是又不合群了？是不是……」

　　杜公悶悶不樂、昏昏沉沉地每日上班下班，日復一日。為什麼每天都要做這種事情？而不去做些實事？正待復甦的祖國大地在召喚著鐵路工作者，各個行業都等待著發展。他想他是老了，老到跟不上形勢了。

　　這一天，小組討論時大家都在議論「誰誰誰」又和「誰誰誰」搞破鞋了，被老婆捉姦在床，看來大難就要臨頭了。某小組中的某人說了什麼，得罪了「誰誰誰」，不久就被打成了右派。杜鎮遠聽了搖了搖頭，這些八卦和政治運動有關嗎？實在不應該將這些瑣碎的事都和運動連起來呀？他想既然大家都在說自己看不慣的東西，那我也說說吧，他覺得大家都應該在業務上提升一下了，畢竟學海無涯，他平生最不喜歡就是那些不學無術、毫無追求、一事無成的人。

　　杜公長期以來都是直性子，突然遇上了政治運動，大家都在說這說那的，那自己也將看不慣的情況說出來，讓領導們有則改之。他清了清嗓子，大膽地說出了他的想法：在鐵道部的技術部門工作的同僚，不能懈怠地學習新知識；那些年老體弱文化低的又不願學習進取的，就應該自請退休；有勞動熱情但文化低的，

應該自請退款入學；有文化、有能力而薪金級別較高的要自動請求降級減薪⋯⋯等等，這一次杜公的發言無所顧忌。

一言激起千重浪，這些言論幾乎得罪了鐵道部的所有人，每個人都以為他是在說著自己，因此對他恨之入骨。「反動！絕對的反動！」在有心人士的點撥及挑撥下，鐵道部從上到下的各級人員立即對杜公的言論進行了抨擊。從鐵道部工廠管理局長到技術管理局副局長，從設計總局副總到參事室工程師⋯⋯，他們抨擊杜鎮遠是舊政府的功臣，總是躺在舊的功勞簿上。甚至有些與他共事三十多年的舊部下也站在反右的第一線，狠狠地批判著杜鎮遠是國民黨的殘渣餘孽，是偽國大代表，幾十年都高居局長之位領著高薪地養尊處優。人們在這時似乎完全忽視了他築路的辛勞，他對中國鐵道的鞠躬盡瘁。要不是國家領導明確指示重點保護，杜鎮遠及其一家不知會面對什麼樣的下場。

另外，加上他在反右運動一開始時，就曾大力地抨擊蘇聯專家一事，他的罪過就大了。這樣知名的大右派，一下子就令鐵道部名聲大造，令全國震撼。

從此之後，杜鎮遠回到家就悶悶不樂，他在小組上發表了個人想法後，心中就暗想，下一步他一定是板上釘釘的右派，但他不知道最後定論他是個大右派。不久，《人民日報》和《光明日報》都有專文報導。這在當時可是轟動一時的。這種待遇在全中國的反右運動中還是第一次，除了鐵道部，其他各部還沒有這種「檔次」的右派。

　　1958年2月25日，杜鎮遠成了鐵道部中成了響噹噹的「反共專家」「大右派」。

　　杜太太有些沉不住氣了，她是一個有知識、有文化的家庭婦女，她雖然不是完全知道鐵道部的這次運動，怎能將杜鎮遠的精神全部打垮了？這是她一輩子未曾見過的，杜鎮遠完全澈底地封閉了自己。那位曾經意氣風發地戰鬥在修築前線，有條不紊地指揮著三十多萬人的他，再也不存在了，只是幾夜之間，原本話就不多的他，變得一句話也沒有了。

　　愛夫心切，從不出門的寶蘭突發奇想，拿著茶葉和水果去見那位同在鐵道部共事三十餘年的舊同事。她一心想著也許老同事能幫著說些話。她在烈日炎炎的中午，走了一個多小時的路，終於找到那位舊同事的家。寶蘭並不是一個孤傲的人，只是不習慣在公眾場合露面，她知道有些人對她有誤解，所以一路上她一直在練著謙虛的笑容。終於找到地方，她將拎著水果袋那隻已經痠麻的手甩了甩，敲門。她聽見了裡面的腳步聲由遠漸近，門開了一個小縫兒，露出了一張帶有桃花眼的圓臉龐。她知道這人是那位同僚的二姨太，不過現在解放了，不應叫二姨太，寶蘭一時在她的腦海中尋找不到更好的詞彙，搜索不到就放棄了對她的稱呼。

　　她抿了一下唇竊竊地問：「請問某某某在嗎？」

　　那人用眼睛瞄了一眼來人，不悅地說：「他不在，有事嗎？」

當寶蘭說她是杜鎮遠的妻子時，那人一言不發地看了看她，就當著她的面把門重重地關上了。

在寶蘭記憶裡從來沒有人對她這麼無禮，她驚呆了，默默地站在原地，好久好久魂魄彷彿才回歸到她身體內，眼中流出了一大串委屈的眼淚。她第一次嘗到了這種滋味，她完全理解了杜公目前的處境。但他們一家也是周總理命人邀請回國的專家啊。

不久，他們聽說龍雲也被劃為右派。杜公的病情加重了，這次不單是身體上的病，還有精神上的。他奉命在家中寫檢查，深刻反省自己，每週都要交出一篇檢查。

家中的氣氛更加沉寂了，除了嫁出去的大女兒和一個住校的男孩，其他孩子全都是連大氣也不敢喘。

恐怕只有我，杜公當時唯一的第三代，他的大外孫女能自由地進出他的書房。姥姥後來告訴我：那時走路不是非常穩的我是很乖的，不吵不鬧，靜靜地坐在地上，準備好姿勢，試圖接住姥爺拋過來的每一個紙團，然後就揉搓到一個大紙團中，自得其樂地玩著。當姥爺寫累了，就將我抱入懷中，不說話但很溫柔地撫摸著我的頭。

有一天，剛學會說話的我突然用那不連貫的語句問姥姥：「姥姥，嗯，我喜歡啊，和姥爺玩，嗯扔紙團，但是呢，但是那是什麼紙團呢？」

我姥姥哭了：「你可能不明白，那是姥爺寫檢查的紙團。」

我又問：「有用的嗎？」

　　姥姥板著臉說：「非常有用。」

　　我稚氣地又問：「有用？有用的，那就，就留著唄，我可以的，存著那些紙團。」

　　姥姥又說：「寶貝兒，那是你姥爺不滿意的，所以他不要了。」

　　「為什麼呢？」我又問。

……

　　生活的陰影似乎從那時開始就若即若離地與這個家庭纏繞不清了。

　　後來，新的運動開始了，大煉鋼鐵、大躍進、人民公社一個接著一個。杜公除了看看報紙、聽聽廣播，不再有任何言論。他依舊每天在家寫檢查，那時的檢查是一個月上交一次了。北京開始除四害，從天濛濛亮開始一直到日落，大街小巷的人都在敲鍋敲盆的，熱鬧非凡，是為了讓麻雀不得停歇而累死，好除去這一害。家中兩個最小的孩子也收到通知，爬上屋頂去敲盆趕鳥，這些嘈雜的聲音使得杜鎮遠頭痛欲裂，就更寫不下去了。

　　他的小孩子為了大煉鋼鐵，將他的尿壺都捐了。他還不知道，半夜起床上廁所都找不到尿壺，只好站在紅牆下仰天長歎。自從當了右派之後，他深深地明白了一個道理：「禍從口出」。從此他不再出現在公眾視線下了，也沒了他的消息和聲音。鐵道部也沒有再找他去工作了，一天天的沉默寡歡，使得他不再有生活的樂趣。

　　隨著蘇聯專家的撤離加上中國遇上了自然災害，大家就開始認識到杜公的右派言論也不是沒有根據的。咱們中國有自己的地理環境，有自己修築的鐵路，為什麼我們要大動干戈地去改造、去迎合蘇聯呢？有知識的人開始深思，也有人在私底下開始悄悄地議論起這個話題。

　　經過了幾年的培養，新中國的確是培養出了一大批新的知識份子，而這些年輕人正在用新的知識取代著那些不學無術的職工，後者也悄悄地退到了後勤部門。鐵道部的領導也面臨著大換血，要求內行領導內行的呼聲漸漸地由弱轉強。

　　鐵道部及其社會上，都有人開始對杜鎮遠的右派言論另行評價。

　　那段時間，全國人民都在挨餓，姥爺雖然依舊是屬於高級幹部，而那高幹食堂就在胡同邊上，他就是很不願意去那裡吃飯。不願去看人們在他後面指指點點，不願去聽別人在旁邊竊竊私語。但是，家中除了流食就是流食，一家的孩子們都在長身體的階段，不能吃飽，就無力集中學習，有幾個孩子的成績明顯開始下降，這使他感覺非常不好，他覺得很對不起孩子們。剛有些舒展的情緒又被一層陰雲覆蓋了過來。

　　姥姥也不願意看見姥爺不開心，不願意去逼迫他做他不願意做的事，所以常常話到嘴邊都被強壓了下去。一天，姥姥看著姥爺因營養不良而蒼白的臉，那高大的身形開始有些許佝僂，她突然有了一個新的想法：利用他所喜歡的小外孫女……那時的我，

很瘦，很白，看上去就是一個天生營養不良的小女孩。在別人什麼都吃還吃不飽的情況下，可是我就是不喜歡吃的就不吃，非常挑食。姥姥已經盡她所能，孩子不肯吃東西使她十分挫敗。看著家中這一老一小，江郎才盡的寶蘭突然靈光一現。

那是一個很普通的一天，不知為了什麼，平時很乖巧的我大哭了起來，姥姥對姥爺說道：「快，快去哄哄孩子，帶她到胡同口去玩玩，我太忙了，你幫一下好嗎？」

平時姥姥從來不曾以這種口氣和姥爺說話，姥爺聽到了妻子突然用這種語氣對他說話，也愣了一下，但也沒說什麼，拉起了我就走出了四合院。一老一小從胡同的這邊走到那邊，又從那邊走到這邊，小孩子走一轉就累了，卻不敢在嚴厲的姥爺面前喊累，於是就從嘴中發出了「哎喲，哎喲，哎，喲！」的聲音，好像每邁出一步都很辛苦。

老人家低頭看看那個裝蒜的小外孫女，嘴角挑起了一抹微笑，問道：「累了？」

嬌小的我點了點頭。

「餓了？」

我又點了點頭。

杜公沉默了好一陣子，他抬頭望著頭頂上那被紅牆遮去一大片，只剩下一小角的藍天，似乎做了一個什麼決定。

第二天一大清早，老人家沒告訴家裡任何人，就帶著小外孫女準備出去，並將食指豎在嘴唇上說：「噓……別出聲啊，姥爺

帶你出去吃好吃的東西。」

　　他帶著孩子來到了「高幹食堂」。食堂中有很多人，而這些人似乎都是常客，互相打著招呼。

　　孫女看到沒人和姥爺打招呼，姥爺也沒和其他人打招呼，就問：「姥爺，這些人您都不認識嗎？」

　　杜公低著頭默默地吃著東西，過了一會兒答道：「不認識。你不是餓了嗎？趕快吃吧，吃完了就可以回家了。」

　　可是我那時卻被周圍環境吸引住了，對桌上的食物卻興趣不大，眼睛東張張西望望，好奇心滿溢。姥爺硬是將一片抹好黃油的麵包和一杯熱牛奶遞了過來。

　　「快吃，不吃就要餓肚子了，姥姥今天不做我們兩個人的飯。」姥爺說。

　　回到家，姥爺把我領到他的書房，找了兩本小兒書給我看。他則繼續寫他的檢查，仍然是一個紙球又一個紙球地扔著。他的眉頭皺成了一團，自己生著自己的氣。小小年紀的我突然長歎一聲：「唉！」還不會寫字的我用手抓起了一枝筆，把姥爺扔出來的紙球攤平，開始裝模作樣地寫著、畫著。我知道姥爺用眼睛斜看了我很久，揚了揚嘴角卻沒有說話。

　　晚飯時，看到又是吃粥，被慣壞的我不想吃，就在桌邊跑來跑去地招惹著姨姨們。

　　終於，我再也忍不住了就告訴了她們：「我早餐吃了麵包抹黃油。」

　　她們都用眼睛瞪著我，尤其是比我才大七歲的小姨眼睛都綠了。看到大家不友善的眼光，我一轉身就跑到了姥爺的身邊尋求他的保護。

　　姥爺將我抱進了他的書房，對著我溫和地又帶著嚴肅的口氣對我說：「吃就吃了，不要顯擺，你這樣就不可愛了。人不能那麼高調，槍打出頭鳥，你懂不懂？」

　　當時才四歲的我實在是無法理解他到底是在說什麼。

　　當然，在我長大以後，到了可以已經完全領會了他的意思，那已經是多少年之後了。

　　姥爺成為右派一年後，已經慢慢地接受了現實，在這段時間，他不時地去鐵道部，希望可以在他有生之年還可以應用他的知識為祖國大地貢獻出他的所有。在沒有任何任務給他時，他就不斷地給我講述他的故事。當時我太小，沒有多少記憶，對於這些故事似懂非懂，可是零零碎碎地在頭腦中還是留存了一些。

　　這時家裡面也有很多事情一件接一件地發生，令他很疲倦。首先是他的大女兒——也就是我媽媽，為回應廠所合併，全家將要搬離北京，向長春第一汽車製造廠靠攏。姥姥因為擔心我媽顧及不到我，就將我強留在了北京，送走了他們。姥爺還鼓勵這些從海外歸國支援建設祖國的知識青年，要為祖國貢獻出自己的所有。「走吧，去闖出你們自己的一片天地吧。祖國正需要著你們呢。」當時我爸和我媽立即表態一定為新中國貢獻自己的一生。姥爺閉了閉眼，用力地拍了拍他們的肩膀。

　　接著排行第五的女兒因為高考太緊張，在考試當天遲到了一個鐘頭才到達考場，她可是她們學校的銀質獎章得主（也就是說一年的大小考加起來沒有低過四分的），就這樣陰差陽錯地與大學失之交臂。受不了打擊的她，急火攻心之下，得了當時在國內算是治不好的「敗血病」，高燒不退，大腦完全被燒糊塗了，病情急遽加重。國內醫院束手無策，杜公不得不聯絡香港的朋友尋找到幾支「盤尼西林」，在多少個不眠的日夜守候之後，五女兒的燒終於退下來了，全家人都鬆了一口氣。

　　四女兒感情又遇到了挫折，使杜公感到了力不從心。本來兒女的事他都是給予兒女們足夠的空間去自行處理，現在他卻要在家中做著他最不想做的管教兒女的事情。

　　零零碎碎的煩心事一樁接著一樁。他那顆滿懷抱負的心慢慢地冷卻了。部裡面再也沒有任務派給他，他感覺自己就像是一個沒有了戰場的將軍，成為了一隻折了翼的鷹。

　　他常常望著地圖對他唯一的聽眾（他的小外孫女）說道：「若果是在這裡修築一條鐵路，就可以接通南北，使火車的行駛時間縮短六個小時，省了多少煤炭資源。若果在那裡有一條鐵路就可以解決多少人的困難，帶動了多少經濟利益……，其實我還是可以做很多事的。」

　　無奈，他就是被無聲無息地忽視了。他總不相信國家高薪高職地請他回來，就是這麼養著他，而什麼工作也不讓他做。

　　不知道為什麼，他對著我的姨姨們總是嚴肅之極，不苟言

笑，但他卻能對著我和顏悅色。他和年幼無知的我聊天，我有很多的問題，他都耐心地一一解答。我記得他最常說的一句話就是：「人不能一輩子庸庸碌碌的不知在幹什麼。要有方向，不想幹就說不幹，要幹就要幹得出色。」是呀，他說的話影響了我的一生。有姥爺作為榜樣，人生的路就是要有韌性，堅持信念走下去，在自己那一方土地上做出成績。

我長大後明白了他當時總是說著「年少不努力，老大徒傷悲」是什麼意思。姥姥在旁也敲著鑼邊兒說：「少年別笑白頭翁，花開幾日紅？」不久後，姥姥開始教我背誦三字經、百家姓什麼的。姨姨們都不敢苟同姥姥的教育方法，但她們自己的學習都很忙，也沒人理我這個小東西。當我開始對三字經、百家姓朗朗上口時，她們都很吃驚。

姥爺當時總是說著：「我從不後悔，因為後悔是最消極的，我只有遺憾，但遺憾是不可以帶進墳墓的，哈哈哈！」

他還說做人要注意嘴巴：禍從口出，病從口入。

我長大後才明白這些都是他做人的經驗。

寫到這裡，不知什麼時候我腦海中有一歌詞閃過：

　　不怕嘗盡世間苦悲，

　　永遠不為自己流淚，

　　只願今生無怨無悔，

　　笑迎明日朝陽光輝。

姥爺就是這樣活得坦坦蕩蕩。

1961年9月29日，杜鎮遠摘除了右派的帽子。

他開心極了，當得到通知時，激動得手都開始哆嗦了。這三年做右派的壓抑，突然之間一切都過去了。這樣的輕鬆使他幾乎一時沒能馬上適應，再也不用寫檢查了，再也不用在眾人面前低頭匆匆走過。

當他從別人那裡知道，全國有成千上萬的右派，然而他們就沒有他幸運了，他還是很感恩的。

也許是突然減輕的壓抑使身體失調，造成他的糖尿病失控，在1961年12月22日他在睡夢中悄然去世，享年七十二歲。

追悼會

那時，雖然我還很小，但對那個追悼會卻記憶深刻。這令家裡人後來都很驚奇。

追悼會上，人山人海的場面十分震撼。我因為是第三代，站在家屬席的最後面，又很矮小，鑽不進，也不讓鑽到前面的人群中，只能看見無數的大腿在我眼前晃動著。臺上很多人在發言，大都是讚揚我姥爺生前的種種，有人更是聲淚俱下。那時的我心中很是酸澀。聽到有人報上某某部長、某某著名工程師的名號時，我不禁要出聲：「別裝了！不就是你們說姥爺是右派而且一無是處的嗎？」但我喊出聲的竟然是：「我想上廁所。」

那時，滿腦子就是為什麼我姥爺要躺在盒子中，死亡是什麼？逝世又是什麼意思？我好希望我那萬事通的姥爺可以為我再解釋解釋。那是我人生中第一次接觸到「死亡」這個單詞。

姥爺去世了，再也聽不到他對我講故事了，我很惆悵。不敢問姥姥，因為姥姥一下子就老了很多。對這種突如其來的變故，姥姥堅決要搬離那個四合院，住進了當時還是滿眼麥地的和平里小樓中，好像自我流放去了鄉下。

1979年12月27日，鐵道部黨組對杜鎮遠予以恢復名譽，並將其骨灰安放到八寶山公墓。姥爺終於入土為安了。

歲月蒼老了歷史，但為國家、為民族做出過巨大貢獻的人，

會永遠被歷史銘記。古槐訴說著思念的衷情，大地發出了沉重的和鳴。

時至今日，祖國的高鐵發展迅速，似乎在向杜公老人家展示著近年的成績單，彙報著鐵路後繼有人。越來越多的人在感念杜鎮遠，在述說他作為中國鐵路先驅者創造的傳奇故事，以及在抗日烽火中他和萬千中國人篳路藍縷、胼手胝足，為抵禦外辱修建的一條條鐵路……他在天上一定十分欣慰。

「生命的成功在於認真地工作及忘我的情懷。」這是鑲掛在他書房的一條橫幅。他就是這樣，用盡其一生的努力承擔著這種使命感，為他的夢想情懷而忘我認真努力地工作著，默默地奉獻著。

雖然姥爺帶著他的遺憾走了，但我相信他的靈魂一直在天上關注著祖國的鐵路發展，他一定看到了中華民族這些年來的努力，他一定會驕傲地告訴那位和他打賭的美國同事，中國的鐵路事業已經是世界之冠。

後記──蓋棺定論

姥爺是個低調的人，他不顯山不露水的一生都是做著自己覺得應該去做的事；每當一個工程完成後，他都會想著自己的家鄉，總想著為那裡做些什麼。他扶持當地的學校，毫不吝嗇地支持自己的子侄輩，支持著自己看中的人才，送他們去讀書，甚至去留學。

秭歸一中的碑文和塑像

（圖片來源：唐山環渤海新聞網 http://www.huanbohainews.com.cn/）

　　1996年的一天，在他四女兒的帶領下，全家八個兒女從世界各地都派出了代表來到了湖北秭歸。這裡是姥爺的出生地，是他鐵路事業夢想開始的地方。

　　當地政府隆重地歡迎著我們這一眾人，車子的前面有七個公安人員排成A字形騎著摩托為我們開道，路兩邊有中小學生舉著紅旗喊著：「歡迎！歡迎！」在國外長大的小兒子興奮無比，我的眼睛裡則流出了淚水。我想，這是中華子孫給我敬愛的姥爺杜鎮遠一生的肯定，這是他的家鄉給予他的肯定。

　　沿著山路，汽車來到了秭歸一中，這是秭歸的重點中學，一進校園就看到一個大樓寫著杜鎮遠圖書館，圖書館的大廳內擺放了杜鎮遠的雕像。這是他的四女兒杜崇玲捐贈的圖書館。我們一行人又來到了中學會客室，聽到學生和老師們講解他們眼中的杜鎮遠。

　　我眼淚盈眶。是呀，我姥爺成為了當地人的驕傲，那裡的子孫都會永遠紀念他。

　　當聽到老師們提起歡迎大家繼續捐書的事情，我的小兒子激動地站了起來問：「可以捐英文書嗎？」老師點了點頭。之後一回到家，我兒子就將他書架上很多的書取了下來裝在兩個大箱子內，對我說：「媽你幫我寄吧，我希望他們也能看到我捐的書。」我也激動地買了些新書和兒子的書一起捐給了姥爺家鄉的學校。

　　以前我小兒子對家中的故事不大感興趣，但這回他是認真

的，他長大了。我也開始慢慢地告訴他，我姥爺的故事。同時我心中想著，我的下一代也會永遠記住杜鎮遠的事蹟，沒準孩子還會告訴他的兒子、孫子。

那次回到秭歸縣新灘鎮下灘沱村，看到了那青石板的小路早

國際工程學家、唐山交大校友林同炎為杜鎮遠銅像題詞
（圖片來源：唐山环渤海新闻网 http://www.huanbohainews.com.cn/）

已被人來車往磨平了青石上的刻紋，歲月無情人有情。我呆呆地望著青石，似乎聽到青石紋內有聲音在訴說著古老的歷史故事。屈原、王昭君的故里，我姥爺杜鎮遠的家鄉。

　　我們後人應不忘他的教誨，努力回饋社會。

中國現代公路奠基人、唐山交大校友趙祖康為杜鎮遠銅像題詞
（圖片來源：唐山环渤海新闻网 http://www.huanbohainews.com.cn/）

南交通大學的官網中寫到：

> 杜鎮遠是偉大的，因為他的成就讓他的名字永遠鐫刻在中
> 華民族自強不息的歷史中，他是值得尊敬的，他那顆愛國
> 心讓今天的中華兒女都應該牢記學習並發揚光大。他取得
> 了諸多常人難以企及的成就，更以常人難以做到的從容淡
> 泊對待許多人夢寐以求的名利，也許這才是大師，真正的
> 大師。

環渤海新聞網：

> 2015年是中國人民抗日戰爭及世界反法西斯戰爭勝利70週
> 年。在那山河破碎、烽火連天的抗戰歲月，在華夏大地
> 上，有這樣一群同胞：他們不是戰士，手裡也沒有武器，
> 但他們的身影、他們的足跡卻活躍在各個戰場上，築公
> 路，修鐵路，運兵源，送物資。他們用自己的汗水和生命
> 與前線浴血的將士一道，共同築起全民抗戰的鋼鐵長城。
> 本文主人公、唐山交大學子杜鎮遠，就是這些抗日英雄中
> 的傑出代表。讓我們拂去歷史的煙塵，共同回望那段特殊
> 的風雲歲月，感受這位抗戰功勳熾熱的報國情懷。

我敬愛的姥爺杜鎮遠雖然已經離我們遠去了，但在中國鐵路

發展的歷史冊中永遠記下了他用其一生做出的貢獻。歷史會為這位兢兢業業、不為名利、功勳卓著、成績斐然的鐵路工程師頒發無聲的「勳章」。

寫到這裡，我彷彿聽見了在那抗戰時期，沸沸揚揚的修築鐵路工地上，無數的鐵路人在日本侵略者鐵蹄下頑強奮鬥，無私奉獻著他們的青春。

國家圖書館出版品預行編目

鐵路先驅 / 馮蘊珂著. -- 臺北市：致出版，
　2019.08
　　面；　公分
　ISBN 978-986-97897-3-8(平裝)

　1.杜鎮遠 2.傳記

782.887　　　　　　　　108011927

鐵路先驅

作　　　者／馮蘊珂
出版策劃／致出版
製作銷售／秀威資訊科技股份有限公司
　　　　　　114 台北市內湖區瑞光路76巷69號2樓
　　　　　　電話：+886-2-2796-3638
　　　　　　傳真：+886-2-2796-1377
網路訂購／秀威書店：https://store.showwe.tw
　　　　　　博客來網路書店：http://www.books.com.tw
　　　　　　三民網路書店：http://www.m.sanmin.com.tw
　　　　　　金石堂網路書店：http://www.kingstone.com.tw
　　　　　　讀冊生活：http://www.taaze.tw

出版日期／2019年8月　　　定價／320元

致 出 版　　　　　　　　　　向出版者致敬